おうちで居酒屋

おうちで居酒屋

創作メニュー作り方読本

いらっしゃいませっ!

まずは『おしながき』をどうぞ

池田書店

おうちで居酒屋

おしながき

とりあえず

いくらの醤油漬け　六六頁
あさりのぬた　六八頁
自家製いか塩辛　七〇頁
ゆり根梅肉和え　七二頁
ナマコのみぞれ酢　七四頁
きゅうりとワカメの酢の物　七六頁
イカのめんたい和え　七七頁

お造り・前菜

旬の刺身盛り合わせ　七八頁
自家製〆鯖　八〇頁
白子のポン酢仕立て（温製）　八二頁
鯵なめろう　八四頁
鯛の昆布〆梅醤油　八六頁
蒸し鶏の中華風香味だれ　八八頁
カツオのたたき　九〇頁
和牛のカルパッチョ　九一頁

焼き物

牡蠣の磯焼き（串焼）　九二頁
たらば蟹の酒焼き　九四頁
スルメイカのわた焼き　九六頁
ぶり照り焼き　九八頁
和牛たん塩焼き　一〇〇頁
筍ソテー　一〇二頁
米茄子の田楽　一〇三頁
合鴨のたたき おろしポン酢　一〇四頁

揚げ物

地鶏のスパイス揚げ　一〇六頁
ぷりぷりえび春巻き　一〇八頁
カサゴの唐揚げ　一一〇頁
イワシの竜田揚げ　一一二頁
いかすみコロッケ　一一四頁
蓮根のすりおろし団子　一一六頁
かにしんじょ　一一七頁

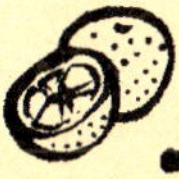

煮物

揚げ出し豆腐　一二八頁

旬の魚の煮つけ（キンメ）　一二〇頁

ふろふき大根の柚香みそ　一三四頁

ねぎま鍋　一三八頁

豚のやわらか角煮ごぼう添え　一三二頁

里芋の鶏そぼろあん　一二六頁

キムチ鍋　一三九頁

汁物・蒸し物

具だくさん茶わん蒸し　一三〇頁

うに豆腐　一三二頁

松茸の土瓶蒸し　一三四頁

鰯のつみれ汁　一三六頁

はまぐりの潮汁　一三八頁

おうちで居酒屋

さらだ・野菜料理

カリカリじゃこ豆腐サラダ 一四〇頁
エスニック生春巻き 一四二頁
みず菜のしゃきしゃきサラダ 一四四頁
特製ゴーヤちゃんぷる 一四五頁

ごはん物

うなぎ茶漬け 一四六頁
焼きおにぎり韓国海苔巻き 一四八頁
牡蠣ごはん 一五〇頁
じゃこ御飯 一五二頁
海鮮親子丼（お吸い物付） 一五三頁

めん類

茶そば 一五四頁
煮うめん 一五六頁
しょうゆ焼そば（蕎麦） 一五八頁
冷やしうどんのひき肉味噌だれ 一六〇頁

旨い肴で飲《や》りましょう。

「おうちで居酒屋」開店の秘訣は、どれだけお酒をおいしくいただけるか。器選びや雰囲気づくりはもちろんのこと、旬の素材や新鮮さにこだわった旨い肴づくりがポイント。心のこもったおもてなしで、いつもとは違う「和」食空間を演出してみよう。

料理／カサゴの唐揚げ（110頁）

まずは ビール で。

ビールはどんな料理にも合うけれど、
とくに揚げ物との相性のよさは抜群。
「ビア片手に旨い揚げ物を食す」のはまさに至福のひととき。
もちろんグラスは、冷凍庫でしっかりと冷やしておく。

やっぱり日本酒。

和食といえば、日本酒。
そう、「旨い刺身を日本酒で一杯」となれば、
これはもう完璧のひと言。
冬場のお燗もいいけれど、
凛と冷えた冷酒もおつなもの。
酒器にもこだわって。

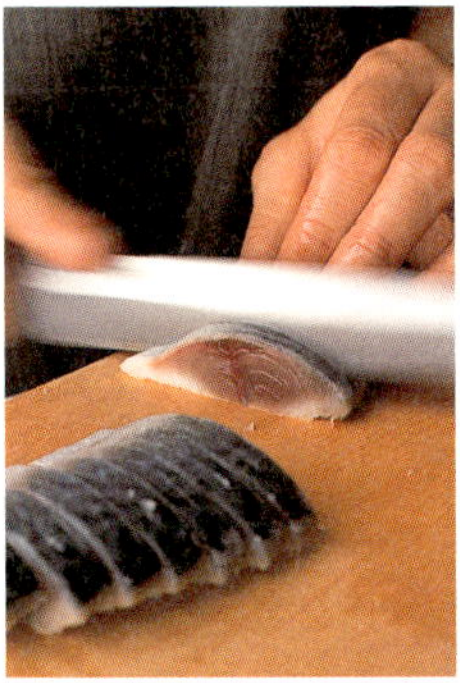

料理／ねぎま鍋（128頁）

料理／旬の刺身の盛り合わせ（78頁）

今日は ワインに しよう。

今どき居酒屋の主流は「ワインで食す」、これ基本。
和洋中にエスニック…。
旨い肴ならどんな料理ともマッチングするワインは、
皆から愛される「和」食空間の万能選手。
楽しい器使いで、雰囲気もアップ。

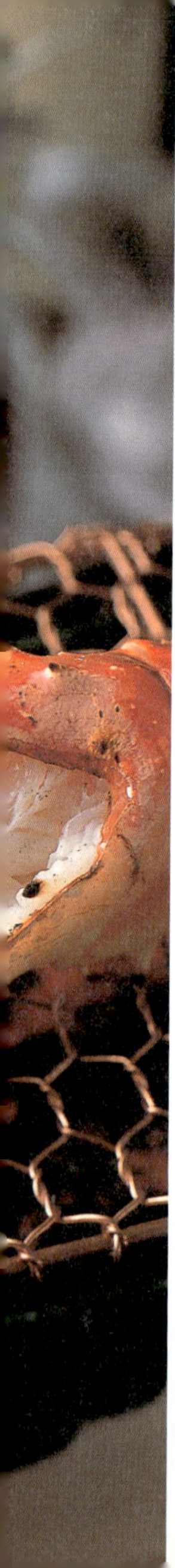

香り豊かな本格焼酎が旨い。

風味豊かな本格焼酎。
これを乙類焼酎と呼び、
無味無臭の甲類とは一線を画す。
原料は麦、米、蕎麦、芋、黒糖など。
水割り、お湯割りもいいが、
まずはロックで味わいたい。
どちらかといえば、こってりした「和」のものが合う。

料理／たらば蟹の酒焼き（94頁）

目次

第一章　旨い料理のコツを伝授しましょう …… 17

プロの技伝授その一

調理の基本 …… 18

旨いだしの取り方 …… 18
調味料の基本と合わせ調味料 …… 20
合わせ調味料の分量 …… 22
文化鍋を使った**旨い飯の炊き方** …… 26

プロの技伝授その二

包丁さばきと盛りつけ …… 28

お造りの代表的な切り方 …… 28
野菜の飾り切り …… 30
魚介のさばきと下処理 …… 32
アジの大名おろし …… 32
サバを3枚におろす …… 34
タイをさばく …… 36
イワシの手開き …… 38
イカをさばく …… 40
カニの下処理 …… 42
ホタテの下処理 …… 44
サザエの下処理 …… 46
ナマコの下処理 …… 48
カサゴの下処理 …… 50

おいしそうに見せる盛りつけ方のヒント …… 52

プロの技伝授その三

居酒屋料理のコツ …… 56

魚料理 …… 56
汁物・麺類 …… 61
肉・野菜料理 …… 62
その他 …… 64

第二章　創作料理のレシピ集 …… 65

とりあえず …… 66
いくらの醤油漬け …… 66
あさりのぬた …… 68
自家製いか塩辛 …… 70
ゆり根梅肉和え …… 72
ナマコのみぞれ酢 …… 74
きゅうりとワカメの酢の物 …… 76
イカのめんたい和え …… 77

お造り・前菜 …… 78
旬の刺身盛り合わせ …… 78
自家製〆鯖 …… 80
白子のポン酢仕立て（温製） …… 82
鯵なめろう …… 84
鯛の昆布〆梅醤油 …… 86
蒸し鶏の中華風香味だれ …… 88
カツオのたたき …… 90
和牛のカルパッチョ …… 91

焼き物 …… 92

牡蠣の磯焼き（串焼き） …… 92
たらば蟹の酒焼き …… 94
スルメイカのわた焼き …… 96
ぶり照り焼き …… 98
和牛たん塩焼き …… 100
筍ソテー …… 102
米茄子の田楽 …… 103
合鴨のたたきおろしポン酢 …… 104

揚げ物 …… 106

地鶏のスパイス揚げ …… 106
ぷりぷりえび春巻き …… 108
カサゴの唐揚げ …… 110
イワシの竜田揚げ …… 112
いかすみコロッケ …… 114
蓮根のすりおろし団子 …… 116
かにしんじょ …… 117

煮物 …… 118

揚げ出し豆腐 …… 118
旬の魚の煮つけ（キンメ） …… 120
豚のやわらか角煮ごぼう添え …… 122
ふろふき大根の柚香みそ …… 124
里芋の鶏そぼろあん …… 126
ねぎま鍋 …… 128
キムチ鍋 …… 129

汁物・蒸し物 …… 130

具だくさん茶わん蒸し …… 130
うに豆腐 …… 132
松茸の土瓶蒸し …… 134
鰯のつみれ汁 …… 136
はまぐりの潮汁 …… 138

さらだ・野菜料理 …… 140

カリカリじゃこ豆腐サラダ …… 140
エスニック生春巻き …… 142
みず菜のしゃきしゃきサラダ …… 144
特製ゴーヤちゃんぷる …… 145

ごはん物 …… 146

うなぎ茶漬け …… 146
焼きおにぎり韓国海苔巻き …… 148
牡蠣ごはん …… 150
じゃこ御飯 …… 152
海鮮親子丼（お吸い物付） …… 153

めん類 …… 154

茶そば …… 154
煮うめん …… 156
しょうゆ焼きそば（蕎麦） …… 158
冷やしうどんのひき肉味噌だれ …… 160

料理用語解説 …… 161

第三章　和める居酒屋空間を演出する …… 163

ぜひ揃えておきたい器たち …… 164
大皿・大鉢 …… 164
中鉢 …… 165
平皿 …… 166
角皿 …… 168
取り皿・小皿 …… 168
長皿 …… 169
ユニークな形の皿 …… 170
塗り物 …… 171
飯碗・どんぶり …… 171

テーブルセッティングのコツ …… 172
レッスン1　膳・盆・ランチョンマットで変化をつける！ …… 172
レッスン2　箸＆箸置きにもひと工夫！ …… 174
レッスン3　酒器にこだわる！ …… 176
レッスン4　大皿使いで大人数もらくらく！ …… 178
レッスン5　雰囲気づくりは照明に凝る！ …… 180
レッスン6　葉使いで盛りつけ上級者！ …… 182
レッスン7　器を変えて気分も一新！ …… 183
和める居酒屋空間のための**オススメCD10選** …… 184

やきものの基礎知識 …… 186
やきものの種類 …… 186
産地別やきものガイド …… 188

協力先一覧 …… 192

どんなサラダにも合う「特製ドレッシング」 …… 25
土鍋でつくる旨い炊き込みご飯のコツ …… 27
塩をする …… 49
鯛の頭を割る（梨割り） …… 51
つまとけんの種類 …… 55
薬味いろいろ …… 60

●本書で使用している計量の単位は、1カップ=200cc　大さじ1=15cc　小さじ1=5cc。とくに断りのない場合「醤油」とは「濃口醤油」のこと。「だし汁」はとくに断りのない場合「昆布とかつお節の一番だし（P.18参照）」のこと。もちろん、市販の「だしの素」を使ってもOK。
●本書で掲載した器類の価格（消費税は含まず）は、2001年10月現在のものです。価格および データ関係は、変更になる場合があります。

第一章

旨い料理のコツを伝授しましょう

プロの技・伝授・その一

調理の基本

1 昆布は、乾いたふきんで砂などので汚れをとっておく。

2 1000ccの水を鍋に入れ、長さ15cmぐらいの昆布を入れる。

3 弱火にかけ、沸騰する直前に昆布を取り出す。

4 そのまま昆布の汁を沸騰させ、出たアクはすくい取る。

5 沸騰しているところへかつお節をひと握り(約20g)入れ、すぐ火を止める。

6 浸っていない部分があれば、菜箸で押さえる。

7 2分30秒ぐらい待って、かつお節が沈む前に濾す。

8 ボールの上にザルをのせ、その上にふきんを敷いて静かに濾す。

9 濾し終わりをぎゅうぎゅう絞ったりせず、自然に落ちるのを待つ。

10 透き通った旨いだし汁のでき上がり。

旨いだしの取り方（写真右）

つくっておけば、何かと重宝する「昆布とカツオ節の一番だし」。ポイントは、昆布を取り出すタイミングとかつお節の濾し方。

「水1000cc、昆布約15g（8cm角ぐらい）、かつお節20g」。が、分量の目安。

調味料の基本と合わせ調味料

料理の味づくりをする上で、最も重要なのが調味料の基本を知ること。料理を始める前に、調味料の知識と応用について見直そう。

主な醤油の種類

醤油の働きには、色や旨み、香りをつけたり、肉や魚の生臭みを消したりする効果がある。

白醤油

小麦の割合が高く、ごく薄い色であっさり味。独特の芳香があり、白煮や茶わん蒸しなどに向く。

濃口醤油

香りが高く特有の旨みがあり、色は濃い。どんな料理にも合うので利用範囲は広い。

たまり醤油

多少甘味があり、濃厚な味わい。クセのある魚の刺身などのつけ醤油に向く。

薄口醤油

濃口醤油に比べ色や香りは薄いが、塩分は高いので注意。素材の色を活かしたい料理や吸い物などに。

酒

酒の働きには、生臭みを抜いて風味や香りをつけ、肉や魚をやわらかくし、材料を引き締める効果がある。

砂糖

甘味をつけるほか、酸味や苦味をやわらげ、料理に風味やツヤを出す働きがある。

主な味噌の種類

味噌には、味をまろやかにし、香り、風味をつけて、臭みを消し、保存性を増すなどの働きがある。

西京味噌（京都）
麹の使用料が多い、短期熟成型の甘口の白味噌。

仙台味噌（宮城）
辛口の赤味噌。「なめみそ」とも呼ばれる。

赤だし味噌（四国）
豊かな味わいの甘口の赤味噌。

信州味噌（長野）
米麹を原料に使った淡色の辛口味噌。

塩

塩味をつけるほか、食品をやわらかくしたり水分を出したり、肉や魚の身を引き締めたり、細菌の繁殖を押さえるなどの効果がある。

酢

酸味をつけるほか、塩味をまるくし、色を鮮明にしたり、酵素の働きを止めて保存性を増すなどの効果がある。

みりん

甘味、複雑な旨みやコクをつけ、料理に照りを出し、生臭みを押さえるなどの効果がある。

合わせ調味料の分量

味つけは地域や好みによって違うので、調味料の配合はあくまで目安（基本的に、代表的な料理2〜4人前くらいをつくる場合の分量）と考えて調味する。

煮物

白煮

里芋は蒸すか茹でて火を通してから煮汁で煮る。

里芋の鶏そぼろあん（P.126）

- だし汁1カップ
- 砂糖大さじ½
- 薄口醤油大さじ⅔
- みりん大さじ1
- 酒大さじ1

八方だし

野菜やキノコなどをさっと下煮したり、簡単に炊き合わせたりするときに使う。

- だし汁½カップ
- 薄口醤油大さじ1弱
- みりん大さじ1

煮つけ

途中で玉水（酒カップ⅓、水カップ⅔）を加えながら煮る。

キンメの煮つけ（P.120）

- 醤油大さじ2
- みりん大さじ2
- 砂糖大さじ½

アラ煮

酒と水でまず煮てから、砂糖などの調味料を加えていく。

- 酒½カップ
- 水½カップ
- 砂糖大さじ1
- 醤油大さじ1
- みりん大さじ1
- 上がりに醤油大さじ½

おろし煮

イワシやサバの竜田揚げを煮汁を煮立てたところに入れ、沸騰したら大根おろしを加えて、再び沸騰するまで火にかける。

だし汁1カップ
薄口醤油大さじ$2\frac{1}{2}$
砂糖大さじ$1\frac{2}{3}$
みりん大さじ1
大根おろし$\frac{1}{2}$カップ

練り味噌

柚子味噌

練り味噌に柚子の香りを移したもの。

味噌50g
砂糖大さじ4
だし汁大さじ1
柚子の皮すりおろしたもの少々

ふろふき大根の柚香味噌(P.124)

辛子酢味噌

一般に「辛子酢味噌」で和える料理を「ぬた」という。

味噌50g
砂糖大さじ4
酢大さじ1
酒大さじ1
水溶き辛子小さじ1

あさりのぬた(P.68)

山椒味噌

山椒のピリッとした辛みと香りを練り味噌に添える。

味噌60g
砂糖大さじ4
山椒粉小さじ$\frac{1}{4}$

胡麻味噌

ゴマのコクと風味を練り味噌に混ぜ込む。

味噌50g
砂糖大さじ4
酒大さじ1
練り胡麻大さじ1

合わせ酢

三杯酢

魚介類や野菜、肉類にも使える重宝な合わせ調味料。

酢¼カップ
砂糖大さじ1½
薄口醤油小さじ½
だし汁小さじ2

きゅうりとワカメの酢の物（P.76）

二杯酢

魚介類でも青背の魚など、クセの強い魚に向く。

酢¼カップ
醤油大さじ2～3

ナマコのみぞれ酢（P.74）

甘酢

甘味の強い合わせ酢。

酢¼カップ
砂糖大さじ1⅔
塩小さじ⅛
だし汁小さじ2

ポン酢

正式には橙（だいだい）の絞り汁だが、カボスやスダチ、柚子でも。

橙の絞り汁（レモン汁でも）大さじ2
醤油大さじ2

白子のポン酢仕立て（P.82）

焼きだれ

照焼き
とろとろに煮詰めてから使う。

ぶり照焼き（P.98）

醤油大さじ２
みりん大さじ２
砂糖小さじ１

祐庵地
魚にも肉にも合う焼き物の漬け汁。

薄口醤油大さじ２
酒大さじ１
みりん小さじ１

どんなサラダにも合う「特製ドレッシング」

イタリアンっぽいドレッシング
酢大さじ４
オリーブ油180cc
塩小さじ$\frac{1}{2}$
バジルの葉（ドライでも）みじん切り大さじ１
粉チーズ大さじ１

中華っぽいドレッシング
酢大さじ2　ごま油大さじ2　醤油大さじ5　砂糖大さじ2　豆板醤小さじ1　にんにくみじん切り小さじ1　しょうがみじん切り小さじ2

韓国風っぽいドレッシング
酢大さじ４　サラダ油$\frac{1}{2}$カップ　ごま油大さじ１　塩小さじ$\frac{1}{2}$　にんにくみじん切り　小さじ１　しょうがみじん切り小さじ１　長ねぎみじん切り小さじ２　コチュジャン小さじ１

文化鍋を使った
旨い飯の炊き方

どんなに高くておいしいお米でも、自動炊飯器で炊くなら、そう大きな違いは表れない。「やっぱり器具にもこだわって旨い飯が食べたい」というなら、文化鍋炊飯がおすすめ。冷めても味があって旨い飯が炊ける。

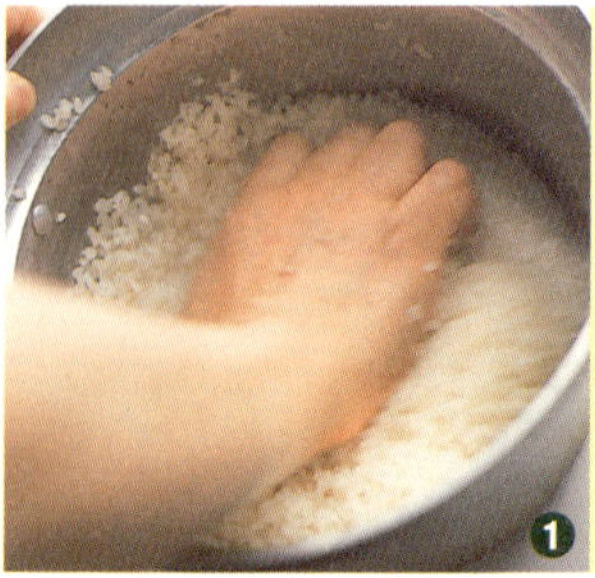

鍋に分量の米を加えたら、最初の水は一気に加え、すぐ捨てる。多少水を残し手で押さえつけるようにとぎ、水が牛乳のように白濁するまでといだら水を捨てる。

水が澄んでくるまで、水をとりかえる作業を5～6回繰り返す。水が澄んだら、そのまま水に浸して30分～1時間放置する。

鍋を火にかけ、最初から強火で完全に沸騰するまで炊く。

沸騰してくると、鍋の縁に糊状に吹いてくるので、この状態を確認してから火を中火にする。ここから水気がひくまで炊く。

水気がひいたら火を止め、蓋をしたまま鍋自体の余熱で蒸らす(約10分)。ここでの蒸らしが旨いご飯づくりのポイント。蒸らし終わったら蓋を開けて混ぜる。

しゃもじでかき混ぜて全体に空気を入れ、余分な水分を飛ばす。できれば、蓋の下にふきんをかぶせたおひつなど、別の器にとればベスト。

土鍋でつくる
旨い**炊き込みご飯**のコツ

炊き込みご飯を上手につくる手順は、実に単純。

❶ 米はといだらザルに上げておく。

❷ 合わせ調味料で具を煮、具は取り出して、煮汁とだし汁で飯を炊く。

❸ 沸騰したら火を弱め、取り出しておいた具を加える。

これだけで、ほとんどの炊き込みご飯が旨くつくれるはず。具は入れすぎないのがポイント。この法則だけ守れば、旬の炊き込みご飯が、誰でもすぐつくれる。

プロの技・伝授 その二

包丁さばきと盛りつけ

平造り

マグロやハマチなど、サクを切る方法。包丁をごくわずか左に傾けて持ち、刃元から一気に引いて包丁の長さを活かして切る。

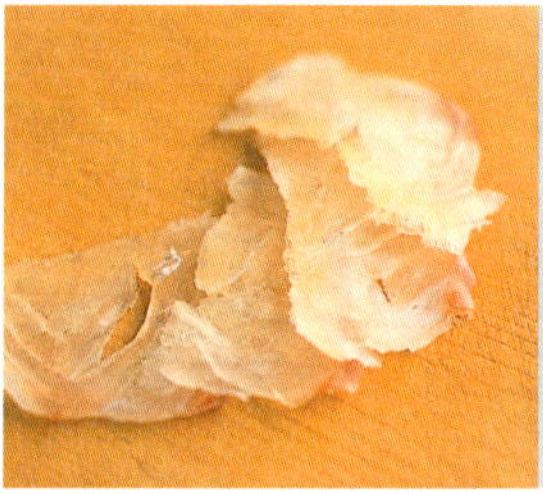

そぎ造り

鯛など身が引き締まった白身の魚を切る方法。包丁を右にややねかせ、左手を軽く添え、左端から２～３㎜の厚さにそぎ切る。

薄造り

ふぐなどの白身魚を、皿が透けるほどに薄く造る方法。そぎ造りと同様にして、さらに薄く切るようにする。

細造り

いかやキス、サヨリなど、身が薄くて平造りできないものに適す。包丁を立てるようにして刃先で引くように切る。

お造りの代表的な切り方

お造りには、味ののった旬の食材を選びたい。鮮度を落とさないよう手早くさばいて、食べる直前に切るのがポイント。包丁は、刺身包丁がなくても、よく研いで切れるものなら万能包丁でもOK。

角造り

身のやわらかいマグロやカツオに向く方法。お造り用に木取った身を棒状に切ってから、さらに小口から切りサイコロ状に。

切りかけ造り

〆鯖など、硬い皮をつけたまま青背の魚を切る方法。平造りの要領にして、最初は切り込みだけを入れ、次に切り離すように切る。

いかの唐草造り

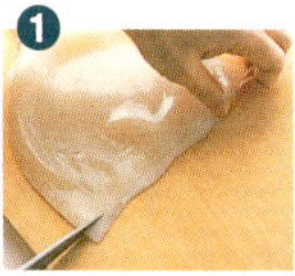

1 さばいたいかの端をまっすぐに切る。

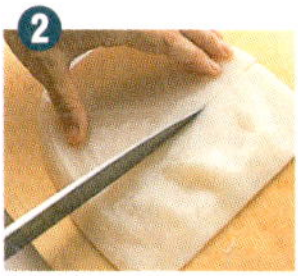

2 食べやすい大きさに半分に切る。

3 厚みの半分ぐらいまで切り込みを入れる。

4 裏返して海苔をおき、丸めていく。

5 小口から適当な厚さに切る。

6 唐草造りの完成。

野菜の飾り切り

飾り切りされた野菜が添えてあるだけで、料理がいっそう華やかに、おいしそうに見えるから不思議。包丁さばきをマスターして、盛りつけ効果をアップさせよう。

六方むき

上下を切り落とし、丸みをもたせながら六角にむいていく。

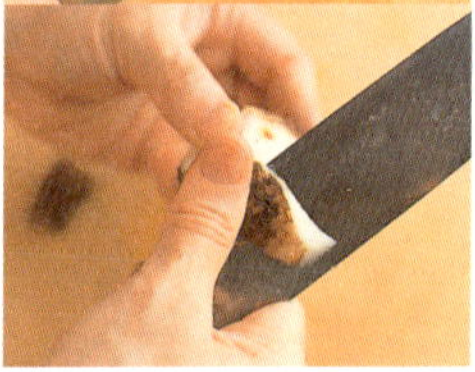

梅にんじん

切り込みに向かって五角形の頂点から丸く切って梅の形に。

きゅうりの蛇腹切り

下まで切らないように一方を切り込み、裏がえして同様に。

花れんこん

穴と穴の間に両側から切り込みを入れてむき、形を整えて花形に。

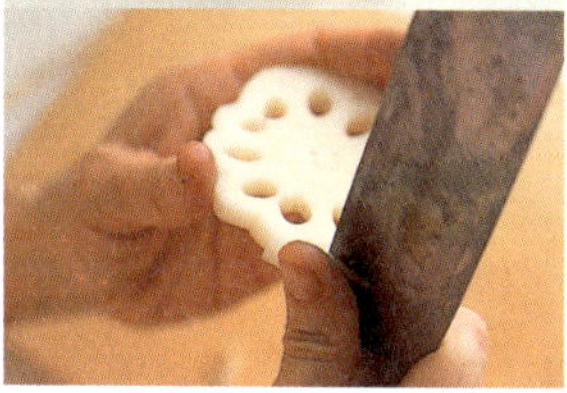

桂むき

左手で材料を回しながら親指を軽く添え、薄くクルクルとむく。

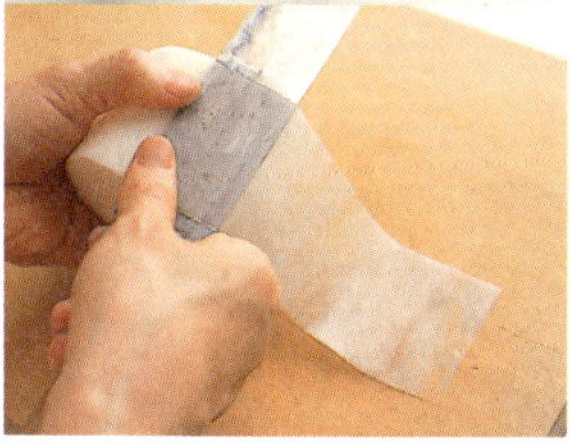

菊花かぶ

箸を下に敷き、縦横に細かい切り込みを入れる。濃い塩水につけてしんなりさせて絞り、菊の花に。

飾り包丁(椎茸)

見た目と味のしみ込みやすさを考え、切り込みを入れる。

魚介のさばきと下処理

魚介類をさばくには、手際よく処理して鮮度や持ち味を損なわないようにすることがポイント。基本的な下処理として、腹ワタなどの内臓は取り除くようにすること。包丁はよく切れるものを使ったほうが上達も早い。

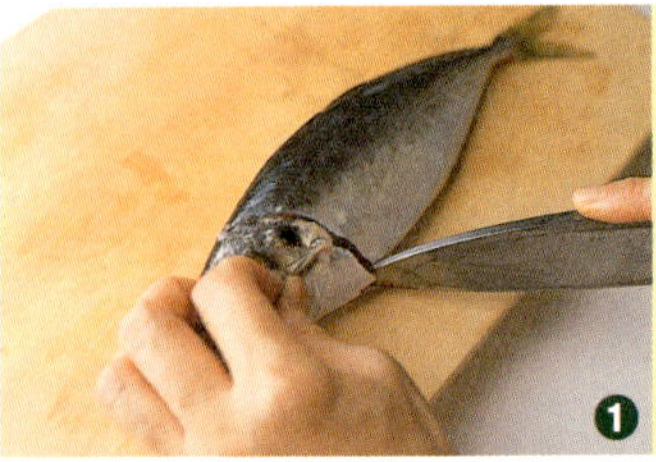

❶ 胸びれの下に包丁を入れ、頭に向かって斜めに切り込む。

❷ 裏返して反対側から包丁を入れて、頭を落とす。

❸ 腹の下に斜めに包丁を入れ、三角形に切り落とす。

❹ 腹の中のワタを包丁でかき出す。血合い部分も落とすように真水で洗う。

❺ 背を手前に向けて、包丁を中骨にそわせて切り込む。

アジの大名おろし（写真右）

6 2枚におろしたところ。

7 中骨を下にして、頭の切り口から包丁を入れ、中骨にそって一気に切る。

8 3枚におろしたところ。

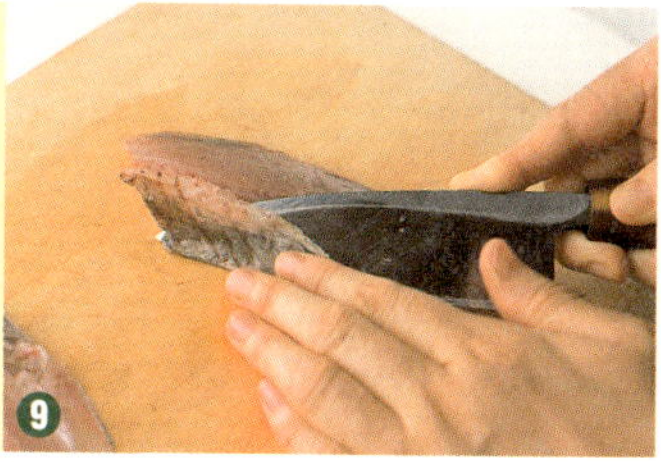

9 腹骨を薄くそぎ切る。

10 アジの大名おろしのでき上がり。

続きは84頁「鯵なめろう」へ。

サバを3枚におろす

1 えらの下から包丁を入れ、片側に切り込みを入れる。

2 裏返して反対側から包丁を入れ、頭を切り離す。このとき背骨も切っておく。

3 頭側から腹の下に包丁を入れ、切り込みを入れる。

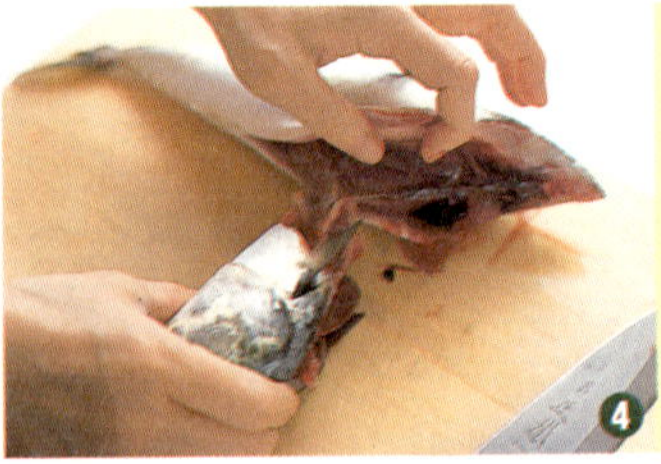

4 頭を持って腹ワタを一緒に引き出したら、背骨についている浮き袋や血わたも落とし、真水で洗う。

5 背側から包丁を入れ皮目だけ浅く切り込みを入れてから、中骨にそって切る。

6 2枚におろしたところ。

7 中骨を下にして頭の切り口から包丁を入れ、中骨にそって一気に切る。

8 3枚におろしたところ。

9 包丁を斜めにして、腹骨に切り込みを入れる。

10 腹骨を、引き包丁ですっと切り離す。

続きは80頁「自家製〆鯖」へ。

タイをさばく

❶ 大根の頭の切れ端でこすって、ウロコを落とす。

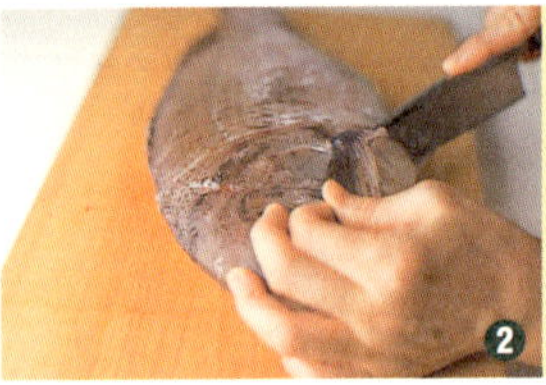

❷ カマ下に包丁を入れ、切り込みを入れる。

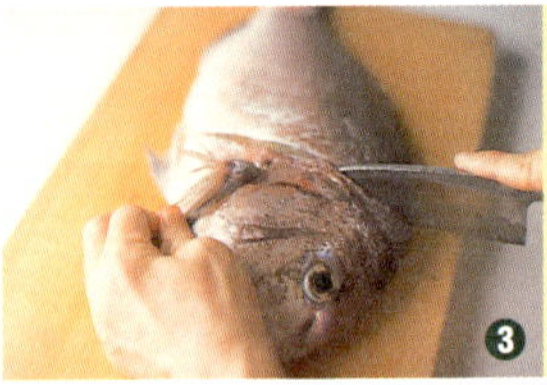

❸ 裏がえして反対側も同様に切り込み、中骨も切る。

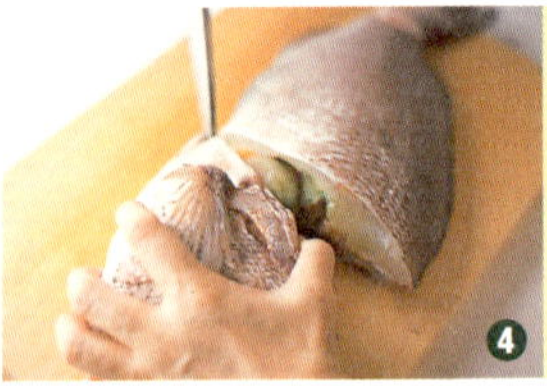

❹ 頭を持って腹ワタを一緒に引き出す。背骨についている浮き袋や血わたも落とし、真水で洗う。

❺ キッチンペーパーなどで、水気を拭く(腹の中もていねいに)。

❻ 背側から皮目に切り込みを入れる。

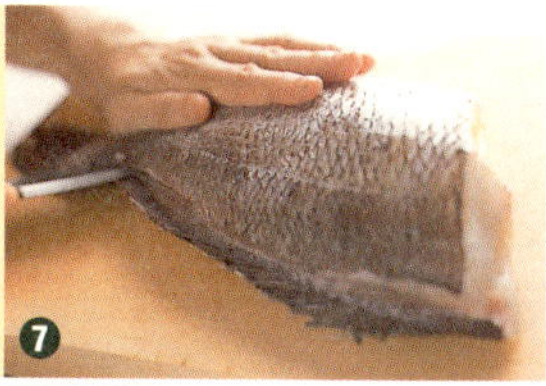

切り込みから包丁を入れ、中骨にそって切っていく。

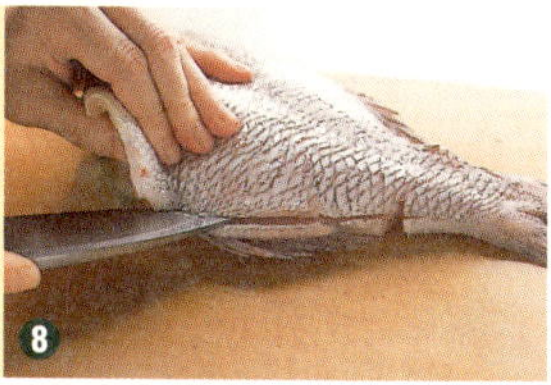

腹側からも同様に包丁を入れ、中骨にそって切る。

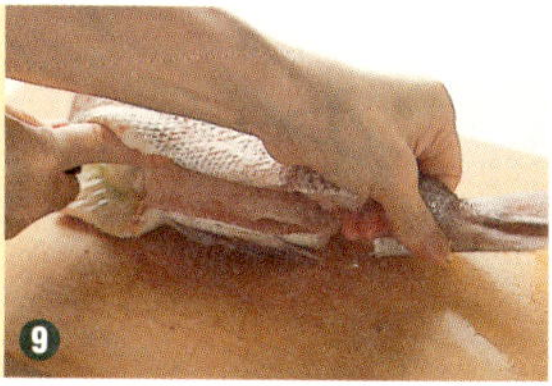

尾を持ち、尾びれ側から中骨にそって包丁を入れて切り離し、2枚におろす。

腹骨部分に包丁で切り込みを入れる。

腹骨を包丁で斜めにすきとる。

中骨を腹側の身に残すようにして、サクどる。

続きは86頁「鯛の昆布〆梅醤油」へ。

イワシの手開き

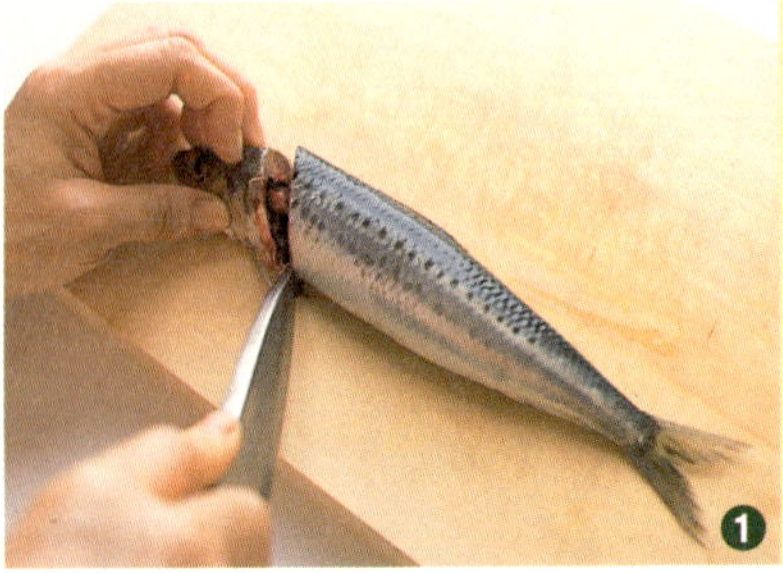

包丁で軽くこすってウロコを落とし、えらの下から包丁を入れ頭を落とす。

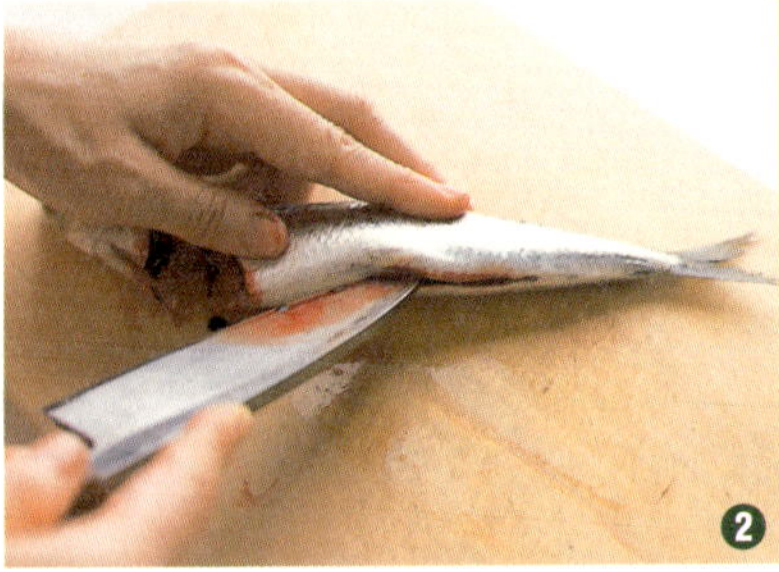

腹側から包丁を入れ、切り目を入れる。

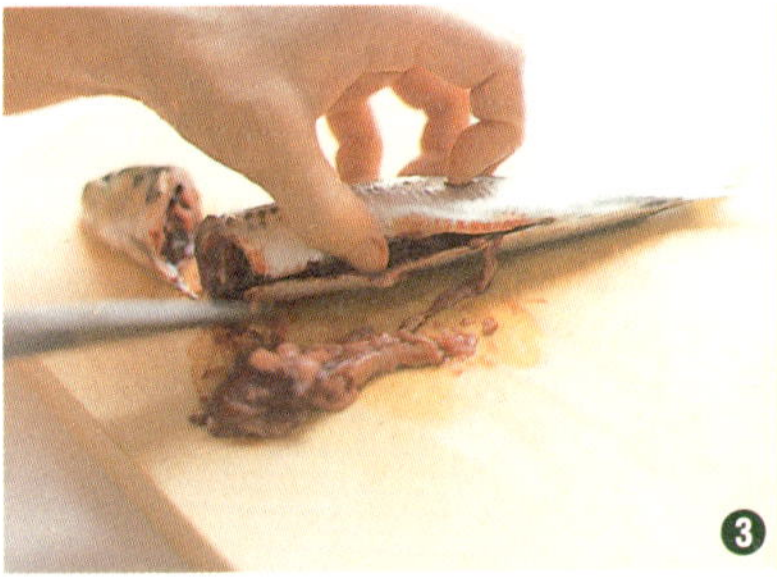

包丁で腹ワタをかき出したら、真水でよく洗う。

切った尾側に親指を入れる。

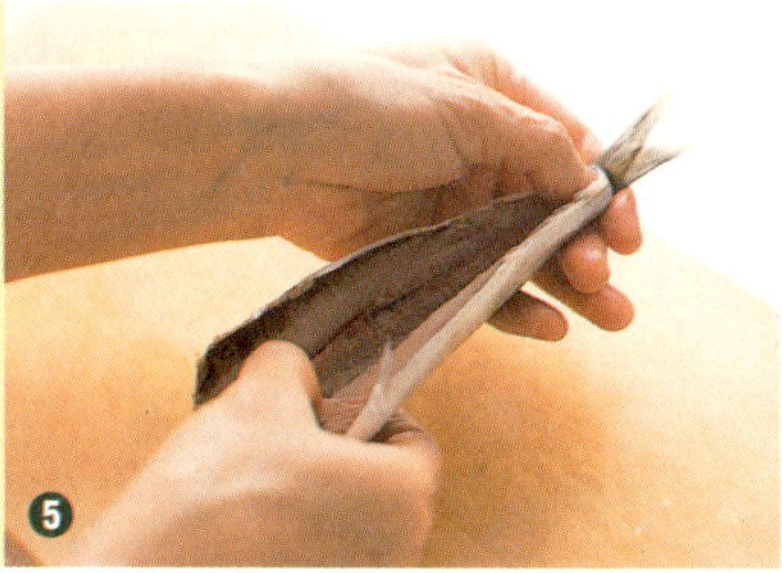

中骨にそって親指をすべらせるようにして、身を開く。

中骨をつまんで、頭のほうに向かってはがしていく。

包丁を斜めに入れて、腹骨をすきとる。

お造りなどにする場合は、頭から尾の方向へ皮をはぐ。

続きは136頁「鰯のつみれ汁」へ。

イカをさばく

1 胴とワタの間に親指を差し込み、胴とワタのつけ根を切り離す。

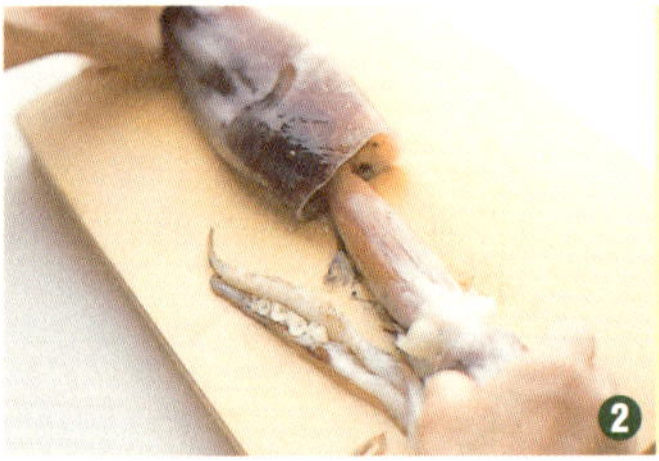

2 墨袋を破らないように、足とワタを一緒に引き抜く。

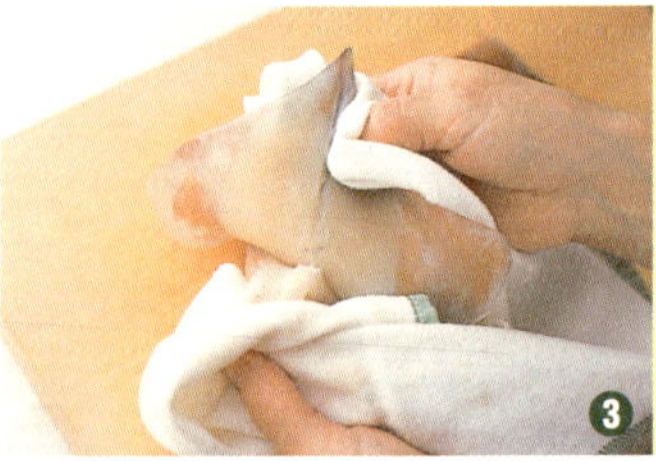

3 エンペラのつけ根をはずし、皮とともに引く。

4 すべり止めとしてふきんで持ち、一気に引いてエンペラ（三角形の部分）をとる。

5 ふきんで持って、残りの皮もはぐ。

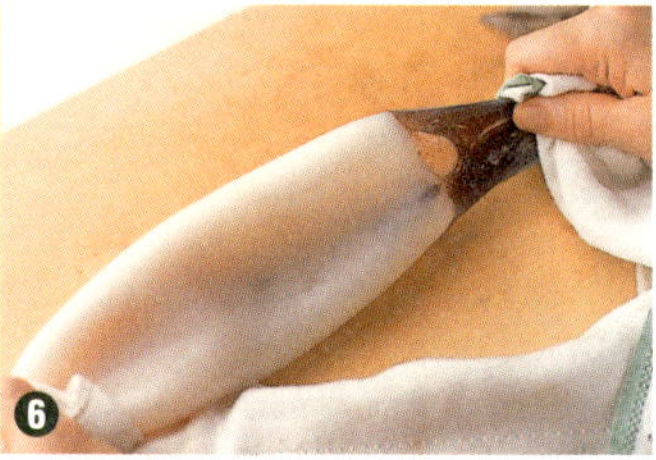

❻ 最後まで、ていねいにはがす（イカの筒むき）。

❼ エンペラのつけ根を横にして、包丁で切る。

❽ 胴体を開いて不要な内臓は取り除いたら、真水で洗う。

❾ 足のつけ根の軟骨のところでワタを切り離す。

❿ 各部に切り分けたところ。

続きは70頁「自家製いかの塩辛」へ。

カニの下処理（写真はわたり蟹の例）

❶ 三角形の前かけを、親指で持ってとる。

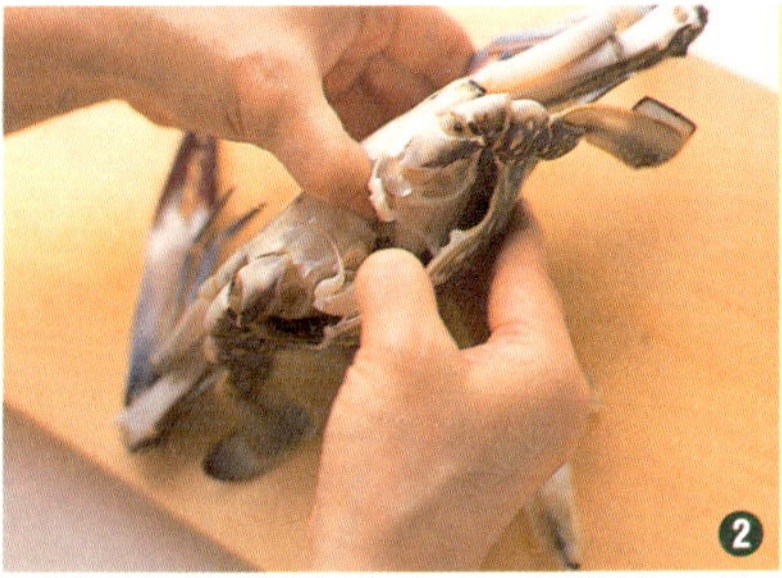

❷ 甲羅を立てるようにして、親指を入れる。

❸ 少し力を入れて、甲羅をはがしとる。

❹ 甲羅をはがしたところ。

両側についているガニと呼ばれるえらを、取り除く。

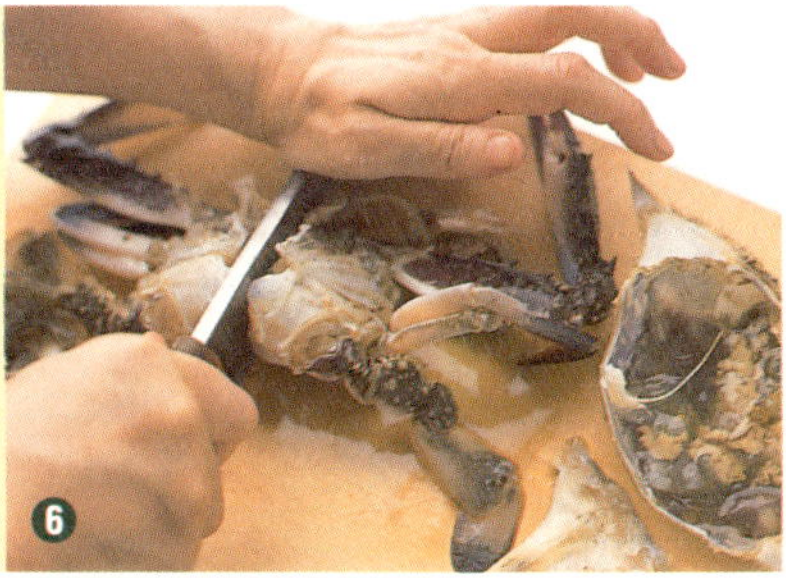

包丁で胴を縦半分に切る。

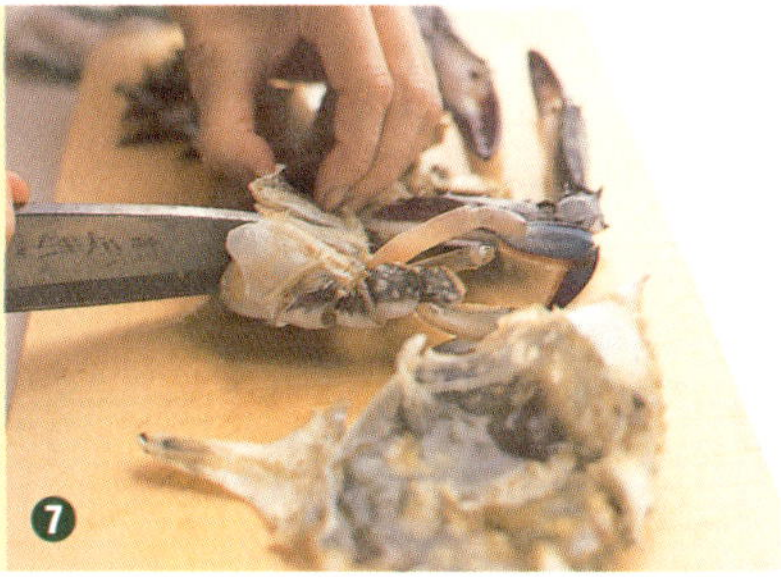

各部に切り分ける。

各部に切り分けたところ。基本的なさばき方は、たらば蟹も毛ガニも同じ。

続きは129頁「キムチ鍋」へ

ホタテの下処理

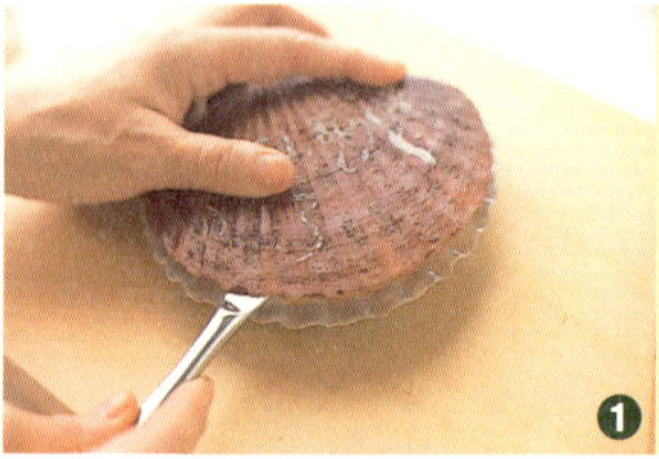

ナイフを差し込み、下の貝殻から貝柱をすくうようにして身をはがす。

貝柱をはがすようにして、貝を開く。

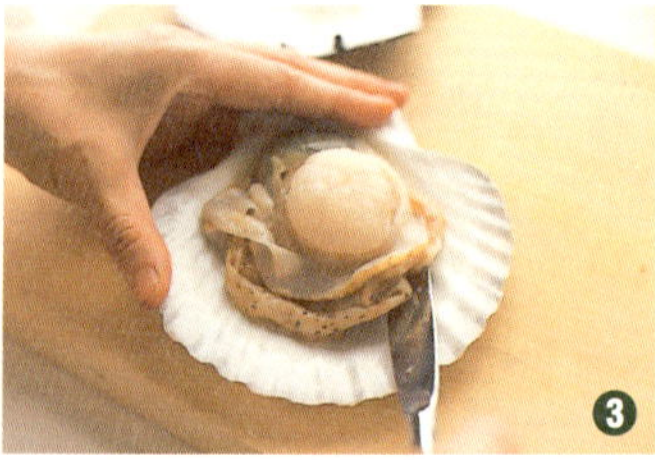

貝を回しながら、ナイフでヒモをはがす。

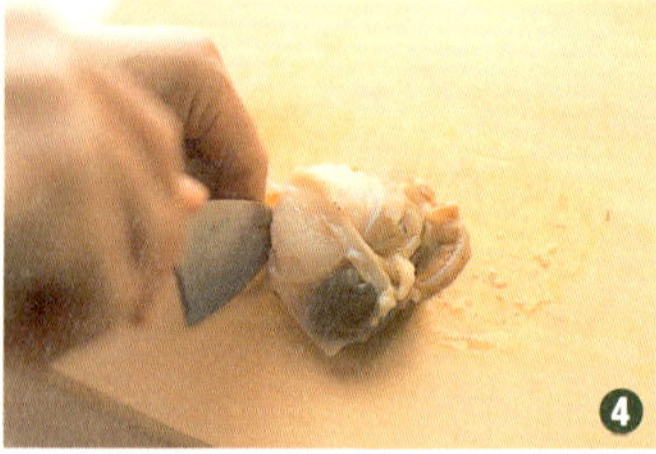

ヒモを包丁で切る。

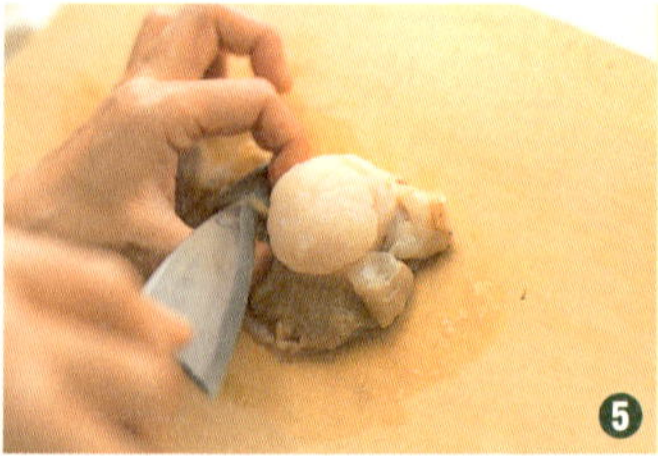

ワタを包丁で切り離す。

6 貝柱とワタを切り分ける。

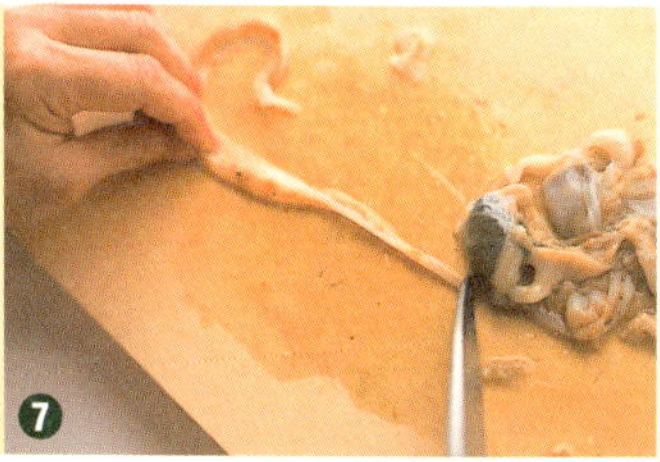

7 ヒモを包丁で切り離す。

8 各部に切り分けたところ。

9 貝柱とヒモを、ふり洗い（162頁参照）する。

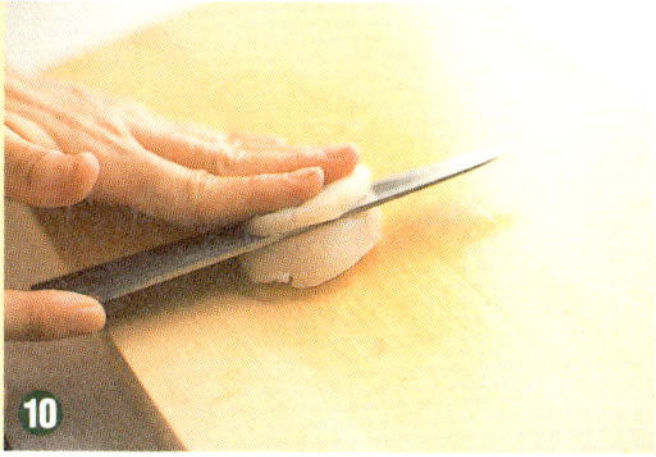

10 貝柱は4枚の薄切りにしてお造りに。

完成品は52頁

サザエの下処理

❶ ナイフを身とワタの間の貝柱があるところに入れる。

❷ ナイフをくるっと回して、身を回し切る。

❸ サザエのフタを切る。

❹ フタを落としたところ。

人さし指をカギ状にして殻の中に入れ、貝柱を押して殻からはずす。

そのまま手でワタごと引き抜く。

包丁でフタから身を切り離す。

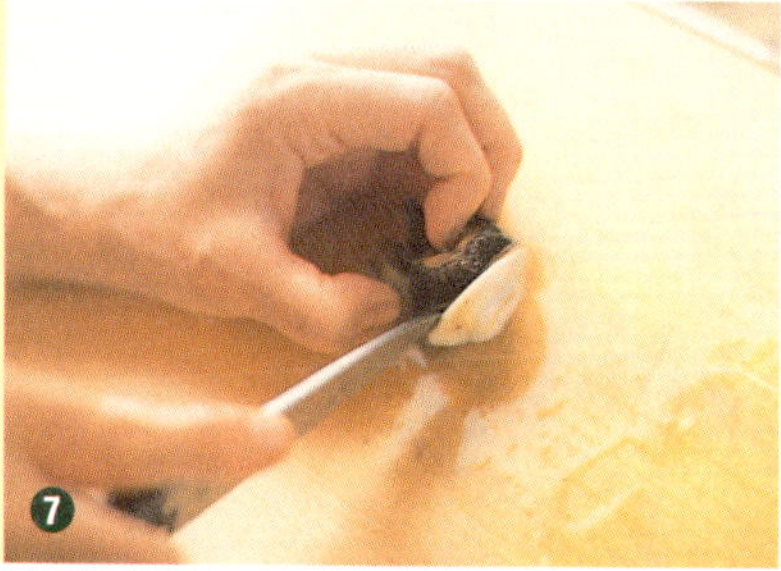

サザエの固い口の部分を切りとる。

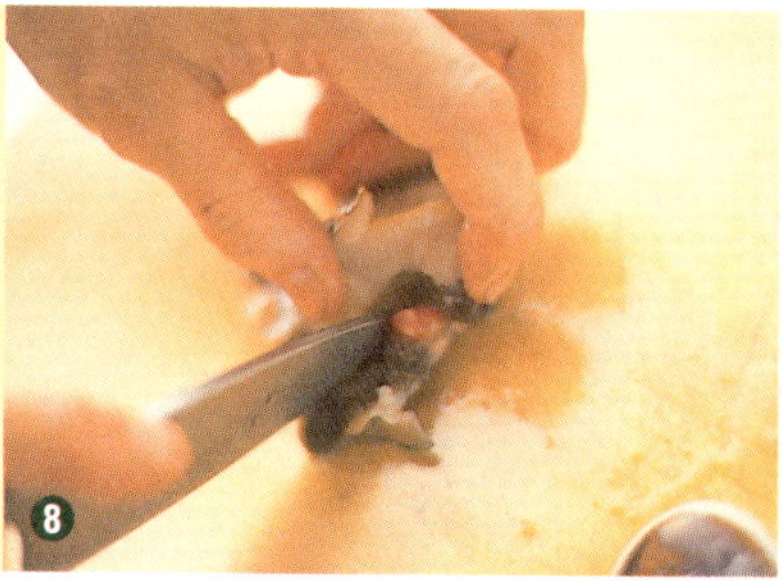

ナマコの下処理

❶ 包丁でナマコの両サイドを切り落とす。

❷ 裏返して、腹の中央に縦に切り込みを入れる。

❸ 身を開いて、中のワタをとる。

❹ ナマコに粗塩を盛って、小さめのザルを用意する。

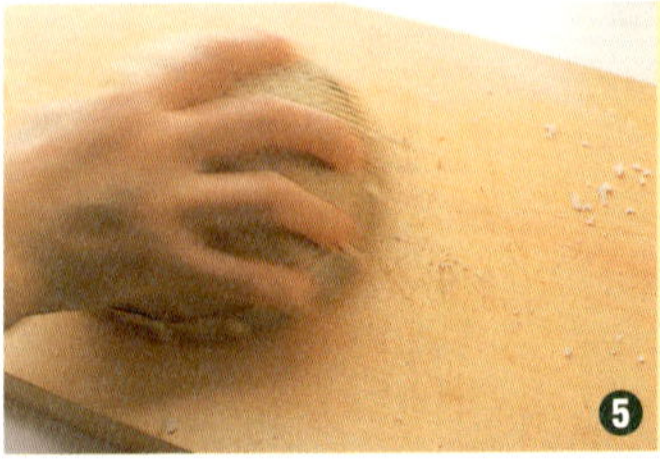

❺ まな板の上でザルを左右に振り、塩ずりする。

6 塩ずりしてぬめりをとったところ。

7 約70度の番茶の中で振り洗いをして(茶ぶり)、臭みをとる。

8 すぐに水にとって、よごれをとる。

続きは74頁「ナマコのみぞれ酢」へ。

塩をする

「調理は塩加減で決まる」といっても過言ではない。食材の種類や大きさ、鮮度、調理法などによって使い分けよう。

振り塩

塩の振り加減によって、「薄塩」「強塩」の調整ができる。

べた塩(あべかわ塩)

脂肪の多い青背の魚を酢でしめる場合に用いる。

立て塩

均等に塩をするのがむずかしい魚介類などで、海水程度の塩水に浸けて振り洗いする。

カサゴの下処理

1 包丁で身をこすって、ウロコをとる。

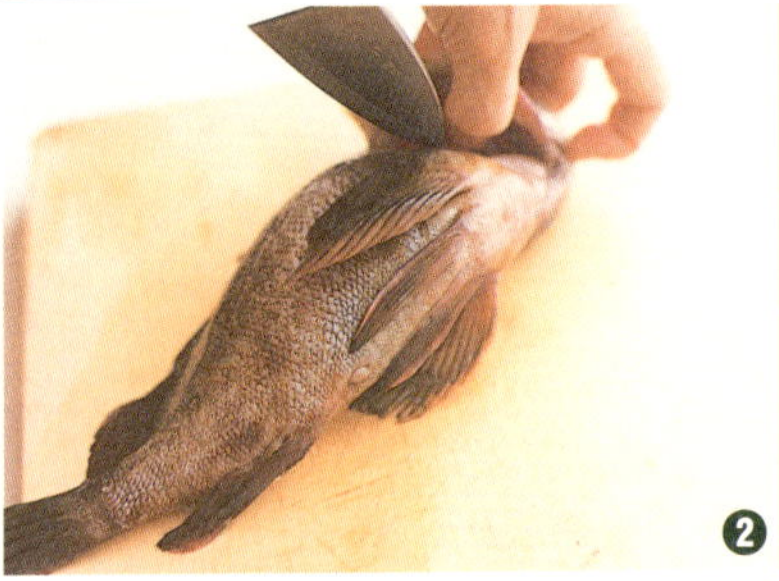

2 えらを開いて包丁を入れ、えらを取り除く(とらないと生臭い)。

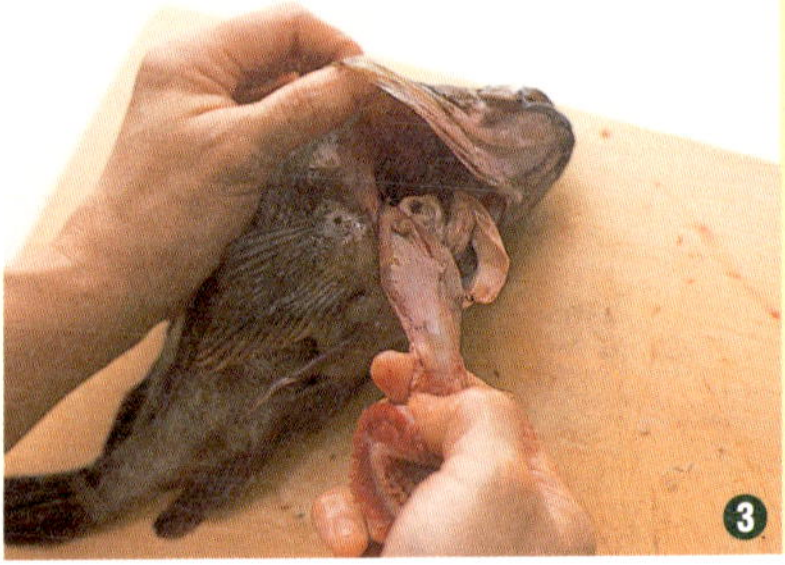

3 内臓も一緒に引き出したら、よく水洗いする。

4 揚げる場合、背骨にそって切り込みを入れる。

続きは110頁「カサゴの唐揚げ」へ。

鯛の頭を割る（梨割り）

鯛の「かぶと煮」や「かぶと焼き」にする場合は、半分に切るだけでＯＫ。「アラ煮」や「鍋物」「汁物」にする場合は、このように小さく切り分ける。

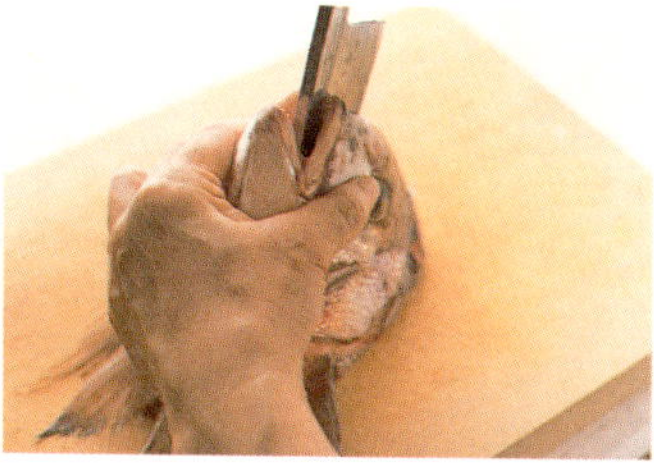

❶ 口から包丁を入れる。

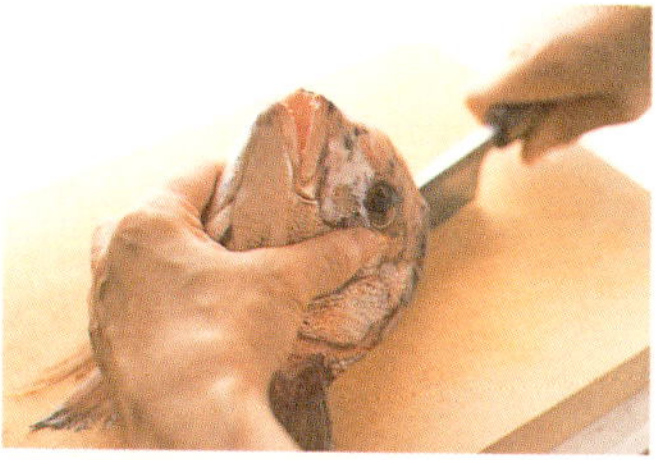

❷ 刃先をまな板につけて、下まで切り落とす。

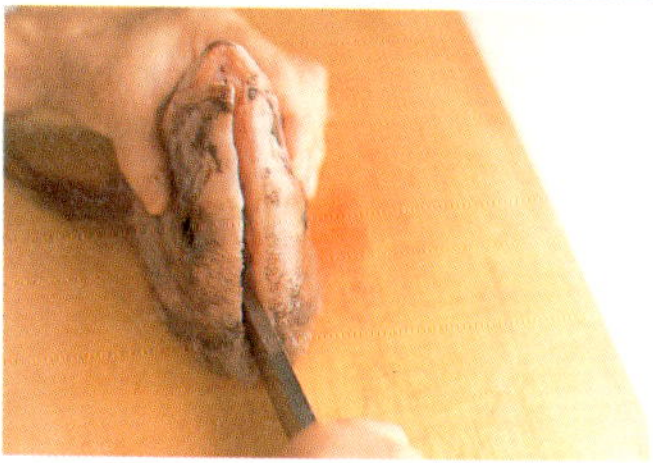

❸ 口の下側も同様に切る。

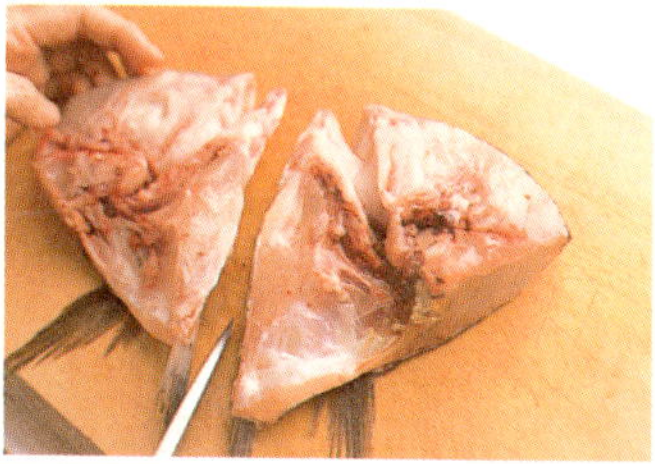

❹ ２つに広げて、各部に切り分ける。

❺ でき上がり。目は潰さないよう注意。

おいしそうに見せる盛りつけ方のヒント

盛りつけ方一つで、料理のイメージはかなり違ってくる。つくり手の工夫やセンスを感じさせる肴は、それだけで酒客を喜ばせ、さらに酒も旨くなるというもの。器との相性や彩りなどのバランスを考え、ワンランク上の一品を目指そう。

少量ずつなら平盛りに

刺身の盛りつけに限っていうと、現在の主流は「山水」という手法。関東風の盛りつけで、全体の印象として奥が高く、手前へ低く盛りつける立体的な盛り方。しかしここでは、三種類の刺身を少量ずつ盛り合わせているため、あえて関西系の伝統的な盛りつけである「平盛り」にして、それぞれの刺身が際立つような一品に仕上げてある。

旬の刺身盛り合わせ

余白を残して立体的に高く盛る

お造りを深さのある器に盛るときは、底面いっぱいは使わず、なるべく余白を残すようにするとよい。さらに、器の深さに合わせ立体的に高く盛るようにすれば、見た目にもバランスのよい一品になる。

ホタテの刺身

大皿料理はにぎやかに

大皿に盛った酒の肴は、見た目にも豪華であり、それだけで酒宴をにぎやかにしてくれる。大人数にはうってつけの盛り方といえるが、とくに気をつけたいのは「食べやすさ」をよく考えて盛りつけるということ。

カツオのたたき

小鉢ものは少なめに

「つきだし」や「お通し」など小鉢ものの肴は、少ないくらいでちょうどいい。少しずついろいろな料理を楽しみたい酒客には、かえって喜ばれるものだ。小鉢に限らず、酒の肴はあまり量を盛り過ぎないことがポイント。

上・ゆり根梅肉和え、下・いか塩辛

彩りを添えて華やかに

お造りの一品ものは、けんや飾りづま、薬味などの彩りを印象的に加えて、華やかに仕上げたい。センスを感じさせる盛りつけは、見た目にも食欲をそそる一品になる。

上・〆鯖、下・カツオのたたき

複数なら立体的に

魚料理などでは、単品（一匹）ものの盛りつけなら、器の余白を広めに残すように盛りつけたい。2匹以上の複数の盛り合わせの場合、重ねて立体的に盛るようにすると見映えがよくなる。

イワシの竜田揚げ

つまとけんの種類

「つま」とは、刺身などの主材料に添える野菜や花、海草のこと。「けん」は「つま」の一種で、一般に大根やみょうがの千切りなど、細切りの野菜をいう。「けん」は、刺身の下に敷き、「つま」は手前に添えるのが一般的。

●紫芽（むらめ）

●菊の花（つま）

●花丸きゅうり

●ぼうふう（つま）

●花穂じそ

●大根の千切り

プロの技・伝授 その三

居酒屋料理のコツ

魚料理

魚のウロコ落としには大根を使う

出刃や「ウロコ引き」などの器具を使う場合がよく見受けられるが、大根でも簡単にウロコがとれるので試してほしい。大根は、首の部分でもシッポでも、先の部分をやや斜めに切り落とし、角を使って尾から頭に向かって少し力を入れながらこすっていく。このほうが、かえって魚を傷めずにウロコだけ落とせる。

魚は真水・流水でよく洗う

魚には「腸炎ビブリオ」という細菌がついていることがあり、この細菌は塩水だと繁殖力が高まるため、真水、それも流水でよく洗うことが大切。水道を流しっぱなしにして、開いたお腹の中までよく洗うこと。そのとき、血わた（血の固まり）の部分もきれいに取り除くのがコツ。とくにアジ、サバ、イワシ、サンマなど、青背の魚は細菌が繁殖しやすいので、ていねいに洗うこと。

刺身用冷凍サクは脱水シートで解凍

刺身用の冷凍のサクを上手に解凍したいなら、「脱水シート」の活

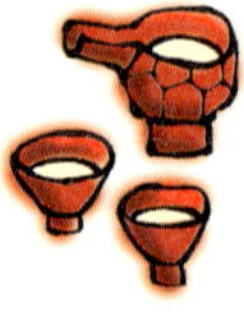

用がおすすめ。凍ったサクを脱水シートに挟んでしばらくおき、冷蔵庫の下段で自然解凍する。ふつう、冷凍の魚などを解凍するとドリップという血を含んだ赤い汁（生臭みなど素材をまずくする原因）が出てくるが、この方法ならドリップを十分吸収し、刺身の旨みも逃がさず理想的な解凍ができる。

イカの皮はふきんを使ってむく

イカには3枚の皮があるといわれ、この3枚ともむけていないと食べづらかったり、口の中に皮のカスが残ったりする。1枚目は表面の赤茶色の皮、2枚目は透明な皮、3枚目は繊維状の皮。イカの下ごしらえ（40頁参照）は、この3枚の皮をきれいにむけるかがポイント。イカは素手だとツルツルよくすべるので、乾いたふきんでしっかり持ち、強めにひっぱってむくようにする。

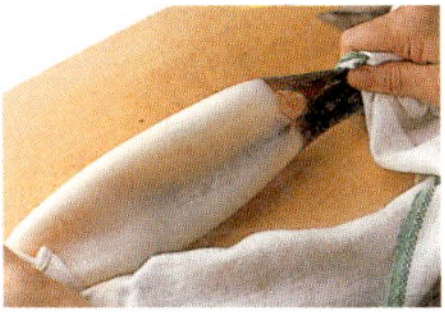

生わさびは直前にすりおろす

最近はチューブ入りのわさびが多く出回っているが、お造りなどを本格的に味わいたいなら、「生わさび」をその場ですりおろすのがいちばん。風味が断然違う。生わさびは、タワシなどで皮の表面の汚れを落とし、必ず皮のまますりおろすこと。おろし器は、プロはサメの皮を使うが、なければ、なるべく目の細かいおろし器を選ぶように。円を描くようにゆっくりとすりおろし、よく香りを出すのがコツだ。わさび特有の香りは、すりおろしたときにいちばん香りと辛みを生じるため、必ず食べる直前にすりおろすよう心がけよう。

焼き魚の塩は焼く直前にふる

焼き魚をおいしく焼くコツは、塩は焼く直前にふるということ。まだ塩が溶けないうちに焼きはじめるぐらいがちょうどいい。まな板に魚をおいたら塩を軽くひとつかみし、魚の上約30㎝の高さから、まんべんなくふるようにする。そのとき、塩をふる手は魚に対してやや斜め方向から。まず頭から尾までにリズムよくふり、さらにその反対方向にもふっておく。裏返して、反対側も同様にふる。

魚の臭み抜きは30分～1時間前に

サバ（サバは塩を強めに）、ブリ、銀ダラ、サケなど、生臭みが気になる魚は、焼く30分～1時間前に塩をふり、出た水分（臭み）はキッチンペーパーなどで拭いて下ごしらえする。こうすれば、いやな生臭みがとれるだけでなく、身も引き締まり旨さもアップする。ただし、塩は「粗塩」や「並塩」といわれる天然塩を使うこと（食卓塩などの精製塩では臭み抜きはほとんどできない）。そのほか、「塩をふってから脱水シートに挟んでおく」というのも、臭み抜きのよい方法だ。

焼き魚は金串を打ち遠火の強火で

家庭用のグリルでも魚は十分うまく焼けるが、本格的に焼きたいなら、魚に金串を打ち「遠火の強火」で焼くのがいちばん。金串を打って焼けば、身くずれしないでうまく焼ける。遠火にするのは、近いと表面だけが焦げて、中まで火が通らないため。家庭用レンジで焼く場合には、

「鉄弓」と呼ばれる専用の金具（写真上）を使うと遠火がつくれる。鯛やアジなどの「尾頭つき」で、一尾ものの魚を焼きたい

場合には、金串は魚を縫うように刺し、身をややくねらせた形にして焼き上げるとプロっぽい仕上がりになる。尾びれや背びれに塩を多めにこすりつけ（化粧塩）、香り高く焼き上げたい。

焼き魚の焼き加減は表四分、裏六分が基本

魚は、頭を左、腹を手前にして盛りつけるという決まりがある。これを念頭におき、金串を刺して焼く場合は、まず表になる側から焼いていく。割合は「表を四分、裏を六分通りに焼く」が基本。反対に切り身の場合は、表六分、裏四分で焼くようにする。魚を返すのは途中一回だけというのも重要なポイントだ。金串は、焼いている途中で数回回しておくと、焼き上がったときに抜けなくなる心配がない。ちなみに、金串を使わずにグリルで焼く場合は、盛りつけるとき裏になる側から焼きはじめ、じっくり火を通してから、表側にきれいな焼き色をつけるようにして焼き上げる。

煮魚は煮汁が煮立ってから入れる

煮魚をおいしく煮るコツは、魚は必ず煮汁が煮立ったところに入れるということ。これは魚の表面を急速に凝縮させ、旨みや栄養分が流れ出さないようにするため。さらに魚の生臭みも消え、味よく仕上げることができる。煮立つ前に入れると、生臭みが残るばかりでなく、魚の旨みも溶け出してしまい、水っぽい仕上がりになる。

煮魚は鍋を選び魚は重ねない

煮魚をつくる鍋は平鍋と呼ばれ、底面積が広く、あまり深さのないものを選ぶ。魚を鍋に並べる場合は、絶対に重ねないのがコツ。煮汁の分量は、魚の厚さと同じぐらいが適量で、煮汁が多すぎると身くずれの原因になり、少なすぎると焦げつきやすくなる。また少ない煮汁の場合、「落とし蓋」をするのも大切。落とし蓋は、材料を押

さえ煮汁を平均にいきわたらせる作用があるが、市販のもの（木製やステンレス製のもの）がなくても、アルミホイルに穴を開けたもので代用できる。

魚のあらは野菜と炊き合わせる

「ブリ大根」や「鯛のかぶと煮」といった魚のあら炊きは、旨みとともに独特の生臭みやクセがあるので、大根やゴボウ、長ねぎといった野菜と一緒に煮るのがおいしく食べるコツ。野菜が魚のいやな生臭みやクセを消してくれ、しかもその野菜自体は魚の旨みをたっぷりと吸い込み、驚くほどおいしく仕上がる。器に盛って針しょうがを天盛り（162頁参照）にすれば、さらに本格的な一品に。

切り身魚は冷凍せず冷蔵庫で保存

切り身魚は一度冷凍したものを解凍して売っている場合が多いので、冷凍保存はなるべく避けたほうがよい。脱水シートに包むか、塩をふってラップに包み、ビニール袋に入れて冷蔵庫へ。翌日には食べきるようにする。どうしても食べきれないときは、味噌漬けなどの工夫を。

薬味いろいろ

ゆずの千切り

もみじおろし

大葉の千切り

にんにくの薄切り

へぎゆず

汁物・麺類

吸い物の塩加減は二段階で

「吸い物の味は塩で決まる」というぐらい、汁物での塩加減は大切。料理本のレシピには「小さじ1/2」などと分量が正確に出ているが、これはあくまで目安としての分量と考える。微妙な味の違いは、自分の舌で決められるようになりたい。塩はいったん入れ過ぎてしまうと、不思議なことにいくら水を足しても妙な塩辛さが残るもの。最初は適量の8割ぐらいを入れて味をみて、さらに適量を加えるというように二段階に分けて調味しよう。

吸い口を加えて本格的な一品に

汁物に「吸い口」を加えると、さらに上品な一品になる。吸い口とは、吸い物や味噌汁に添えられて香りを楽しむもので、ゆずの皮（へぎゆず）や木の芽などがよく使われる。汁物の本当の味わい方とは、すぐに飲んでしまうのではなく、まず吸い口の香りを楽しみ、次に吸い地（汁）をひと口味わい、

それから具を味わうといった順序で行う。吸い口にはゆずや木の芽のほか、針しょうがや、みつば、みょう

酢取りしょうが

しょうがの千切り

白髪ねぎ

長ねぎの千切り

スダチ

青ねぎの小口切り

が、青ねぎの小口切りなど、さまざまなものが使われる。

味噌汁は煮立たせず煮えばなを注ぐ

いくらていねいにだしをとっても、味噌汁をあたためるのにグラグラと煮てしまっては風味が台無し。「味噌汁は煮えばな」というように、煮立ちはじめ、つまり味噌を溶き入れてから、再び全体が煮立ってきたときが味噌の香りがいちばん引き立つ瞬間。味噌汁は、食べる直前に味噌を溶き入れ、絶対に煮立てないのがコツだ。

そうめんは流水でゴシゴシ洗う

うどん、そうめん、ひやむぎ、きしめんなどの麺は、たっぷりの湯を沸かし、塩をひとつまみ入れた中に、ほぐすように入れて茹でる。ほどよい固さになったらすぐザルに上げ、流水でさっと洗ってぬめりをとる。ただ、そうめんだけは（細く伸ばすために表面に食用油が塗ってあるから）茹で上がったら流水にさらすだけでなく、洗濯するようにゴシゴシともみ洗いする。

肉・野菜料理

鶏肉・鴨肉は皮目から焼く

鶏肉や鴨肉などを焼く場合、皮目のほうから焼くのがコツ。鶏肉や鴨肉の脂肪は皮の下にあるため、皮目から焼くと最初に脂肪が溶けて、すっきりとした焼き上がりになる。とくに鴨肉は脂肪が多いため、フライパンには油はひかず素焼き（104頁参照）にする。どちらも皮の表面にフォークや竹串でブツブツ刺しておくと、皮の縮みを防ぎ、味や熱の通りもよくなる。

大根は料理によって使い分ける

大根の辛みのもととなる成分は、しっぽのほうにより多く含

まれる。この特長を生かして、大根は適材適所で使い分けたい。甘みを味わいたい大根おろしは首から約三分の一を使い、そのほかの部分は煮物やサラダ、みそ汁の具などに使う。ただし、焼き魚のつけ合わせや天ぷらのつけ汁などでは、辛みのある大根おろしのほうが合うので、その点は臨機応変に。よく洗って皮ごとおろすというのも、旨い大根おろしを食べるためのコツ。大根の旨みは、より皮に近い部分にあるからだ。さらに、食べる直前におろすというのも大切なポイントの一つ。おろしてから5分たっただけで、ビタミンCが10%減少し、みずみずしい香りも飛んでしまう。

和え物は和えるタイミングが大切

和え物をおいしくつくるコツは、和えるタイミングにある。器に盛る直前に材料と衣を和えることが重要で、あらかじめ和えておいたりは絶対しないこと。これだけで、プロがつくったように、全体が水っぽくならずすっきりとしまった味わいの和え物になる。

野菜は料理の直前に切る

野菜も肉や魚のように、鮮度を大切に料理したい素材の一つ。野菜の風味、とくに香りは水に弱いものが多く、水に長くつけているとどんどん風味が飛んでしまう。だから、野菜は料理する直前に洗って切り、すぐに調理するのがおいしく食べるためのコツ。

野菜は冷水につけパリッとさせる

サラダは、生野菜のパリパリ・シャキシャキを味わいたいもの。野菜は切ったりちぎったりすると、切り口から水分が蒸発し歯切れのよさが損なわれるため、氷を浮かべた冷水に数分だけつけることが望ましい。もちろん、つけすぎは絶対に禁物だ。

ドレッシングはつくりたてが旨い

市販のビン入りドレッシングが多く出回っているが、つくりたてのドレッシングの風味に勝るものはない。ドレッシングは、そのつど自分でつくるようにすれば、さまざまなバリエーションも楽しめ、なによりサラダを味わう楽しさも倍増する。オイルや酢（ビネガー）などにもこだわったりして、自分だけのオリジナルドレッシングに挑戦してみよう（25頁参照）。

その他

豆腐は重しで水切りをする

豆腐は、揚げ出し豆腐（118頁参照）や豆腐ステーキ、炒め物など、固くしたり水分を減らしたりして使いたい場合には、水切りをする。豆腐をふきんかペーパータオルに包んで平らなところにおき、重しをのせて約30分おく。

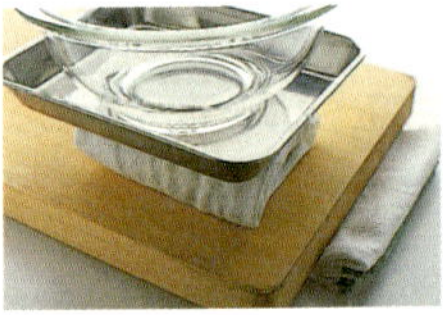

天ぷらは少量ずつ揚げる

天ぷらをカラッとおいしく揚げるコツは、いかに油の温度を下げずに適温で揚げられるか。材料にもよるが、天ぷらの揚げ油の適温は170～180度。温度をなるべく一定に保つようにするには、たっぷりの油を使うこと、材料を一度に入れないこと、一度にたくさん揚げようとしないことの三つが重要。衣をつけた材料は少しずつ時間差で入れるようにして、揚げカスはこまめに取り、極力温度の低下を抑えるよう注意する。

きくらげはぬるま湯で戻す

きくらげはぬるま湯（または水）に浸して、大きく広がるまで戻し、もみ洗いして汚れを取り除く。

ざらっとした石づき部分は、包丁で切っておく。

第二章

創作料理のレシピ集

右・雪あかり一口ビールグラス
［5個組］5000円（たち吉）

とりあえず

いくらの醤油漬け

秋、産卵直前の卵は丸々と膨らんで店先に並びます。2本対（つい）で一腹。好みの辛さに調節できますが、長期保存の向きには、塩を加えてちょっと辛めに。

●材料（2人分）

さけの卵½腹　醤油大さじ2
酒大さじ1

●作り方

1　さけの卵をかなりぬるめのぬるま湯の中で、ばらばらにほぐす。

2　ほぐしたら、ザルにとって真水で洗う。

3　ザルにとって30分ほどおき、水分をとる。

4　容器に入れて醤油と酒に浸したら、冷蔵庫で一晩以上おく。時折り、上下を入れ替える。味が薄く感じるなら、塩小さじ¼〜½加えてもよい。

①ぬるま湯の中でばらばらにする。②ザルにとって水分をとる。③醤油と酒に浸す。④冷蔵庫で一晩おいたところ。１週間ぐらいは日持ちする。

あさりのぬた

①ここでは、ふり洗いの分量の塩をあさりにふってから行っている。②ボールの水にザルを入れ、ふり洗いする。③包丁の背でぬめりをしごき出す。

分葱は茹で過ぎず、シャキッとした歯ごたえに。

●材料(2人分)
あさりむき身50g　分葱1/4把
ワカメ少々　衣(味噌25g　砂糖
大さじ1½　酒小さじ1　酢大さ

テーブルライナー1200円(ザ・セノゾイック自由ヶ丘店)

じ½　水溶き辛子小さじ½

●作り方

1　あさりを濃い塩水（3％の塩水／水1カップに塩小さじ1ぐらい）でふり洗い（162頁参照）し、水ですすいでからさっと茹でる。

2　分葱は緑と白の境で切り分け、白い方から先に湯に入れて約30秒茹でる。

3　茹でた分葱をまな板に並べ、包丁の背で中のぬめりをしごき出し、長さ3cmに切る。

4　ワカメは水で戻してさっと茹で、食べやすく切る。

5　酢、辛子以外の衣の材料を調合して火にかけてさっと練り、火から下ろして酢を加える。冷めたら水溶き辛子を混ぜる。

6　具と衣を和える。

自家製いか塩辛

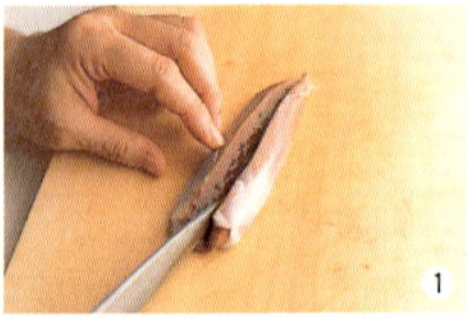

1

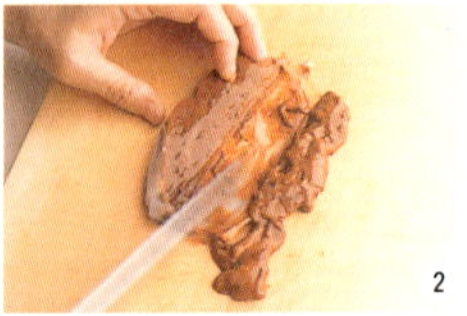

2

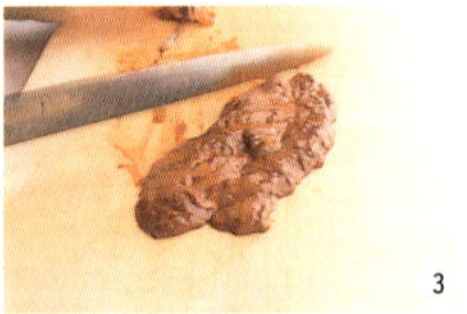

3

4

①包丁でわたの薄皮を開く。②中身をこそげ出す。③まな板の上でたたく。④酒と塩を加える。⑤足も入れる場合は吸盤を切る。⑥切ったいかをわたで和える。

5

6

いかのわたが十分に膨らむ真冬、透き通るような新鮮ないかが手に入ったときは、ぜひつくってみたい自家製塩辛。1週間仕込みます。

●材料(2人分)

するめいか1ぱい　酒小さじ1

塩小さじ1

●作り方

1　「いかをさばく(40〜41頁参照)」を参考にして、するめいかをさばく。まず、足をはずし、内臓を一緒に引き出す。えんぺら(三角の部分)をはずして皮をむき、開いて水洗いする。

2 わたを切りとって洗い、包丁で薄皮を開いて中身をこそげ出す。
3 わたを包丁でたたいてから容器に移し、酒と塩を加える。
4 足も入れる場合は、皮をとって水洗いし、吸盤を切りとる。
5 いかを細切りにし、わたに漬け込む。
6 縦長のガラス容器などに入れて、たまに上下を返しながら、冷蔵庫で1週間おく。

白磁笹舟珍味入500円(大文字)、クロス・カスリテーブルライナー1800円(ザ・セノゾイック自由ヶ丘店)

ゆり根梅肉和え

青白磁　豆鉢７００円（大文字）

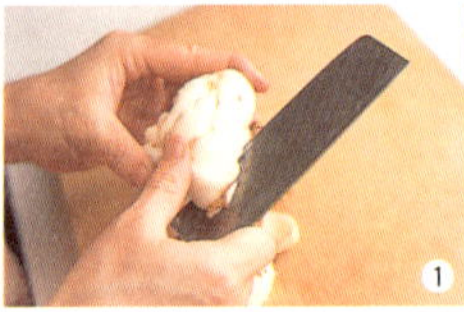

①ゆり根の根元を包丁で切る。②ばらばらにしたら洗う。

ゆり根とはの山百合などのリン茎のこと。傷つきやすく色が変りやすいので、ていねいに扱います。茹で過ぎると溶けてしまうので、注意。

●材料(2人分)
ゆり根(正味)約100g　梅干し(シソ漬け)3〜4個　みりん小さじ1〜2

●作り方
1 ゆり根の根元を包丁で切り、ばらばらにしてから洗う。
2 ゆり根を鍋にとり、水をひたひたに入れ、酒を小さじ1加えて火にかける。
3 沸騰したらザルにあける。
4 梅干しを裏ごしして(86頁参照)、みりんを加えてゆるめる。
5 ゆり根を和える。

ナマコのみぞれ酢

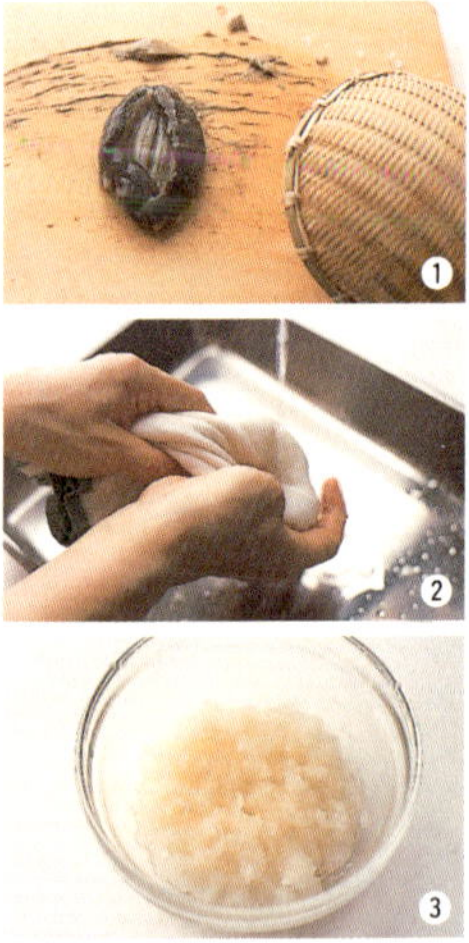

①ナマコはザルで塩ずりしてぬめりをとる。②大根おろしを布巾に包んで洗う。③二杯酢でひたひたにする。

つやつやして表面が透き通っている感じのものが新しい。赤っぽいほうが旨いという人も。味つけは三杯酢でも二杯酢でも。

●材料（2人分）
ナマコ1本　大根おろし1カップ
ゆずの皮少々　二杯酢適宜

染付間取小鉢1700円（大文字）、高寿箸置［5個組］2800円（たち吉）、豆皿1500円（高橋　弘子　作）

●作り方

1 ナマコは両端の口を切り、縦半分に開いてこのわたを取り出す（48頁参照）。

2 塩ずり（48・161頁参照）して、番茶を煮出した70度の湯に通し、水にとる。

3 水の中でナマコの表面をきれいにぬぐう。

4 処理したナマコを薄切りにして二杯酢（24頁参照）につけておく。

5 大根おろしを布巾に包んで洗い、軽く絞って二杯酢（24頁参照）でひたひた（162頁参照）にして、みぞれ酢をつくる。

6 ナマコとゆずの千切りをみぞれ酢に和える。

きゅうりとワカメの酢の物

きゅうりが透き通るように薄く切ってあると、もんでも形が崩れず、仕上がりがきれい。

●材料（2人分）

きゅうり1本　ワカメ（乾燥ワカメ7～8g。塩蔵ワカメなら50g）　しらす干し適宜　三杯酢適宜

●作り方

1　きゅうりを薄切りにし、塩水でもんで水洗いし、ザルにとってからまとめて水気を絞っておく。

2　ワカメは水で戻し、さっと熱湯をくぐらせてザルにとり、長さ3cmに切る。

3　きゅうりとワカメを合わせ、しらす干しを適量加えて、三杯酢（24頁参照）で和える。

左・グラス280円（ザ・セノゾイック自由ケ丘店）

イカのめんたい和え

いかの表面だけ白くなるようさっと火を通します。

●材料（2人分）

いか½はい　明太子¼腹　酒適宜

●作り方

1　「いかをさばく（40～41頁参照）」を参考に、さばいたいかをさっと熱湯に通し、水にとる。

2　水気をぬぐって細切りにする。

3　明太子をほぐし酒でのばす。

4　いかを和える。

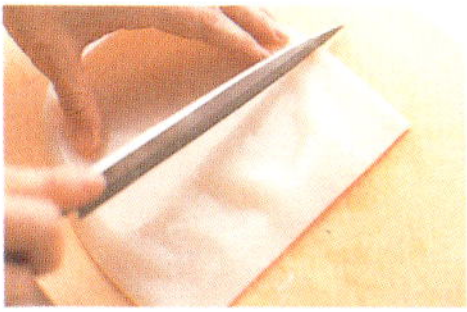

さばいたいかは、食べやすい大きさに切る。

お造り・前菜

旬の刺身盛り合わせ

色や風味の違う魚を盛り合わせて楽しい一皿に。つけ合わせるつまの彩りも考えて。

●材料(2人分)

たい適宜　まぐろ適宜　いか適宜　海苔　白髪大根・おろしわさび適宜　つま(大葉　花穂など・55頁参照)

●作り方

1　たいは平造り、まぐろは角造りにする（28頁参照）。
2　いかの表側に5㎜幅に切り込みを入れ、海苔を巻き込んで、小口から切り、いかの唐草造り（29頁参照）をつくる。
3　白髪大根、つまとともに、器に盛り合わせ、おろしわさびを添える。

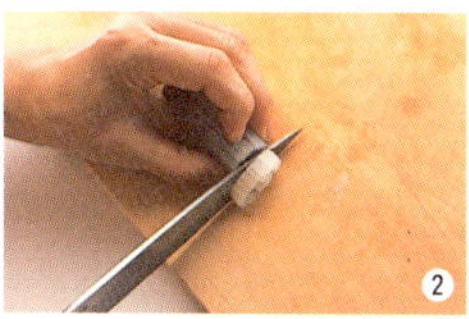

①切り込みを入れたいかに海苔を巻く。
②小口切りする。

自家製〆鯖

①バットに粗塩をたっぷり敷きつめる。②内側を下にしておく。③上から粗塩を盛る。④三杯酢に昆布を浸し、さばも一緒に漬け込む。

目の澄んだ新鮮なさばを、朝のうちにさばいて塩でしめれば、夕刻にはほどよく酢に漬かった〆鯖のでき上がり…といきたいものです。

●材料（2人分）
真《ま》さば1尾　塩適宜　三杯酢適宜（好みで甘酢でも）　昆布1片　しょうが1かけ　大葉　花穂（55頁

参照）

●作り方

1　三枚におろしたさば（34〜35頁参照）を、バットに粗塩をたっぷり敷きつめ、内側を下にして上から粗塩を盛り（あべかわ塩／49頁参照）、冷蔵庫で4時間ほどしめる。塩が生臭みを吸い取る作用も。

2　塩を洗い流し、水気を拭いて三杯酢（24頁参照）に昆布を浸し、さばを1時間以上漬け込む。

3　しょうがは、細い千切りにする。

4　皮をはいで切りかけ造り（29頁参照）にして、盛りつける。

白子のポン酢仕立て（温製）

ポン酢は本来、柑橘類の果汁を使ったもの。橙（だいだい）があれば理想的。レモンやカボスでも。

●材料（2人分）

白子（ここではタラ）100g～　ぽん酢適宜　青ねぎ適宜　もみじおろし適宜

●作り方

1　白子は真水で軽く洗ってぬめりをとり、キッチンばさみでピンポン球ぐらいに切り分ける。

2　熱湯に入れ、再沸騰して30秒ほどおいて火が通ったら、ザルにとる。

3　ポン酢（24頁参照）をはった器に盛り、青ねぎのみじん切りを散らす。

4　もみじおろしを添える。

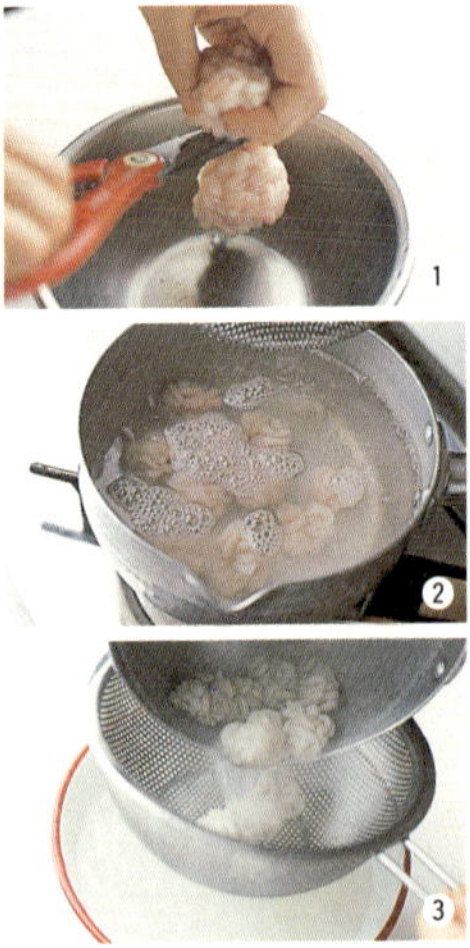

①キッチンばさみでピンポン球ぐらいに切る。②熱湯に入れる。③再沸騰してらザルにとる。

鯵なめろう

青松焼物皿［5枚組］5000円（たち吉）

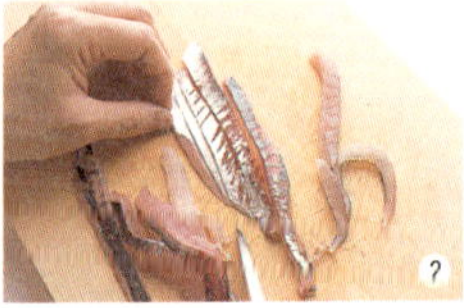

①頭から尾に向けて皮をはぐ。②まず、縦に細く切る。③1㎝角ぐらいにころころに切る。④かなり細かくなるまで包丁でたたく。

とれたてのあじを使ってつくる漁師料理。すり身に近いくらいに、細かくたたきます。

●材料(2人分)

あじ2尾　味噌適宜　しょうが少々　長ねぎ少々　青ねぎ少々

●作り方

1　おろして(32〜33頁参照)皮をとったあじをころころに切ってから、たたいて細かくする。

2　味噌としょうが、長ねぎをたたき混ぜる。味噌は、あじ100gに対して小さじ1〜2。

3　形を整えて器に盛り、青ねぎなどを散らす。

鯛の昆布〆梅醤油

1

2

3

4

①皮があるときは、包丁をまな板と水平に入れて皮をひく。②酢水で拭いてやわらかくした昆布をしいて、全体を昆布で覆う。③梅干しは裏ごしする。④梅を醤油でのばして梅醤油をつくる。

たいの旨味に昆布の旨味が加わった、和食ならではの味わい。とっておきの酒肴に。

●材料（2人分）
たい（サク取りしたもの）1サク　酢適宜　昆布2片　塩少々（ごく薄塩）　梅醤油（梅干し1個分　醤油適宜）

●作り方

1 昆布を酢水で湿らせたふきんで拭いて、やわらかくしておく。

2 たいの皮をひく。

3 サクのまま（またはそぎ造りにして・28頁参照）、薄塩（49頁参照）をふってしばらくおき、水気を拭って昆布に挟む。

4 2時間以上おいて取り出し、器に盛る（時間がないときは、軽く重石をする）。

5 梅干しを裏ごしして醤油でとろとろにのばした「梅醤油」を添える（醤油の分量は梅干しと同量より少なめで）。

桔梗渕見込唐草白磁深鉢1800円（大文字）

蒸し鶏の中華風香味だれ

しっとりと蒸し上げた鶏の旨味を、香味だれで包み込みます。あっさり味が好みの向きには、手羽肉で。

●材料（2人分）

鶏もも肉1枚　塩・酒適宜　香味だれ（長ねぎみじん切り大さじ1　しょうがみじん切り大さじ¼　にんにくみじん切り大さじ¼　醤油大さじ2　酒小さじ1　ごま油小さじ1　酢小さじ2　砂糖ひとつまみ）　長ねぎ10cm

●作り方

1　鶏もも肉に塩をふって、しばらくおく。

2　水気を拭いて酒をふりかけ、食べやすい大きさに切ったら、蒸気の上がった蒸し器で12～13分蒸す。

3　蒸し上がったら、すぐ蒸し器から取り出してそのまま冷ます。

4　香味だれをつくって鶏肉にかけ、長ねぎの細切りを飾る。

染付文絵変り小皿［5枚組］3000円（たち吉）、奥・取り皿［5枚組］3000円（たち吉）

渓流長角皿［5枚組］10000円（たち吉）、右奥・染付小花台付汁次3500円（大文字）

カツオのたたき

「たたき」の語源はステーキではないかといわれることもあるくらい、これほどにんにくと相性のよい料理はないでしょう。脂ののった初秋の下りかつおで。

●材料（2人分）

かつお一節　大根おろし適宜　長ねぎみじん切り適宜　しょうがみじん切り適宜　にんにくみじん切り適宜　むらめ　花穂など（55頁参照）

●作り方

1　かつおの節に串を打ち、直火で焼く（フライパンで焼いてもよい）。

2　皮目から火を5㎜ほど入れ、身の方は白くなる程度にあぶる。

3　まな板にとって軽く塩をふり、厚さ1㎝の平造り（28頁参照）にする。

4　大根おろしに、みじん切りの長ねぎとしょうがを混ぜる。

5　大葉、にんにくの薄切りなどとともに器に盛る。

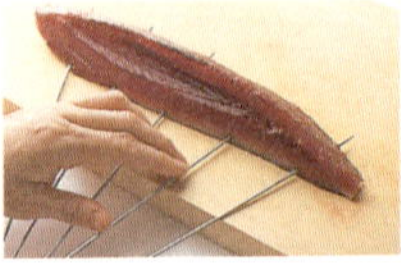

かつおは串を打ち直火で焼く。

和牛のカルパッチョ

お皿に肉を盛りつけておいて、食べる間際に味つけのパフォーマンスを。和牛のかわりに、白身魚の薄造りでも。

●材料(2人分)
牛肉薄切り200g　オリーブ油大さじ2　レモン汁大さじ2　パセリ1枝　塩・こしょう少々　イタリアンパセリなど適宜

●作り方
1　刺身用の牛肉薄切りを皿に並べる。
2　オリーブ油を全体にかける。
3　レモン汁をかけ、パセリのみじん切りを散らす。
4　塩と粗びき黒こしょうをふる。
5　好みのハーブを散らす。

焼き物

朝霞煮物皿［5枚組］ 6000円（たち吉）

牡蠣の磯焼き（串焼）

醤油の焼やけた香りは、日本人にはたまらない刺激。その醤油焼きした牡蠣に、海苔とゆずの香りがからみます。

●材料（2人分）

むき牡蠣100g 酒小さじ1 醤油小さじ1 海苔1/4枚 ゆずの皮

●作り方

1　むき牡蠣を濃い塩水（水2カップに塩小さじ2ぐらい）でふり洗い（162頁参照）し、ザルにとって水気を切る。

2　醤油と酒を合わせたものに10分ほど浸けたら、串に刺して焼く。

3　もみ海苔、ゆずの皮の千切り、好みで七味をかける。

牡蠣は串に刺して焼く。

たらば蟹の酒焼き

七輪で網焼きなどの工夫も。

たらば蟹は冬場の豊富に出回る時期、身も味もふっくらしてきます。酒をふって火であぶるだけで、旨味を最大限に引き出します。

●材料(2人分)
たらば蟹適宜　酒適宜　二杯酢適宜

●作り方

1　たらば蟹は、縦に半分に切る。

2　たらば蟹に酒をふりかけて網にのせ、焼く。

3　二杯酢（24頁参照）を添える。

スルメイカのわた焼き

新鮮ないかが手に入ったら、身は刺身にして、ゲソとエンペラはわた焼きに。

●材料（2人分）

いか1ぱい　酒少々

●作り方

1　いかをさばいて（40〜41頁参照）、身とゲソとエンペラを食べやすい大きさに切る。

2　舟にしたアルミホイルにいかをおき、わたをのせて薄皮を切り、酒をふりかける。

3　アルミホイルで包んで、焼き網の上で6〜7分焼く。食べるときに、わたを全体にからめる。

食べるときにはわたをからめて。

ぶり照り焼き

①焼きだれをまぶして5分ほどおく。②串に刺して焼く。③火が通ったら焼きだれをぬる。

四角く木取って（161頁参照）、ふっくら焼き上げましょう。出世魚「ぶり」は、いなだ、わらさ、はまちと出世してきて、最高に脂がのって成長しきったもの。縁起のよい魚です。

●材料（2人分）
ぶり切り身（焼き物用）2切れ　焼きだれ（醤油大さじ3　みりん大さじ3　砂糖大さじ1）　酢取りしょうが

●作り方

1　ぶりに焼きだれをまぶして、5分ほどおく。

2　水気を拭って、串に刺して焼く（グリルで焼いてもよい）。

3　火が通ったら焼きだれをぬり、焼いて乾いたら、さらにたれをぬる。

4　これを2〜3回繰り返し、器に盛ってたれをぬる。

5　酢取りしょうが（162頁参照）などをあしらう。

焼き過ぎは固くなってしまうので、軽くあぶるようにしましょう。

●材料（2人分）

牛たん薄切り200g　塩・こしょう各少々　レモン汁大さじ2　長ねぎ4cm

●作り方

1　牛たん薄切りを皿に並べ、塩と粗びきこしょうをふる。

2　レモン汁、長ねぎの千切りなどを用意する。

3　網で焼いて、いただく。

和牛たん塩焼き

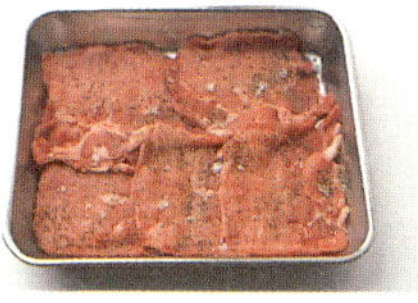

牛たんを皿に並べ、塩・こしょうをする。

筍ソテー

ほんのり醤油の香ばしさと筍の香り、そして歯触りを楽しみましょう。

●材料(2人分)

筍水煮1個　醤油大さじ1　片栗粉適宜　グリーンアスパラ2~3本　植物油適宜　塩少々

●作り方

1　筍の根元は輪切り、先はくし形に6~8等分し、醤油をまぶす。

2　筍の水気を拭い、薄く片栗粉をまぶして植物油で炒めて、いったん取り出す。

3　グリーンアスパラを長さ4cmに切って炒め、塩をふって蓋をし、火を弱めて中まで火を通す。

4　筍とグリーンアスパラを合わせて、器に盛る。

米茄子の田楽

油と相性のよい茄子。焼くと甘味が出て、青臭さがなくなります。スプーンですくっていただきましょう。

●材料(2人分)

米茄子1個　植物油適宜　鶏ひき肉50g　練り味噌(味噌50g　砂糖大さじ4　だし汁大さじ1を練ったもの)大さじ1～1½　ししとう4本

●作り方

1　米茄子を縦半分に切って包丁目を入れ、フライパンにたっぷりの油を入れて焼く。

2　米茄子が焼けたらフライパンから取り出し、鶏ひき肉を入れ酒をまぶしてぽろぽろに煎り、練り味噌を加え混ぜる。

3　油を切った茄子に、ねり味噌をかける。ししとうなどを、さっと焼いて添える。

合鴨のたたきおろしポン酢

皮目から焼いて、皮がカリッとしてきたら返します。

●材料(2人分)
合鴨だき身(むね肉)1枚　塩小さじ1　こしょう少々、ポン酢適宜
青ねぎ・おろししょうが・大根おろし・七味適宜

●作り方
1　合鴨の胸肉の全体に塩・こしょうをまぶし、もみこんで冷蔵庫で一晩おく。
2　フライパンで表面を皮目から素焼きにする。皮から油が出るので、油はひかない。
3　薄切りにして皿に並べる。
4　ポン酢(24頁参照)、青ねぎの小口切り、おろししょうが、大根おろし、七味などを用意する。

①全体に塩をもみ込む。②まず油をひかずに皮目から焼く。③焦げ目がついたら裏返す。

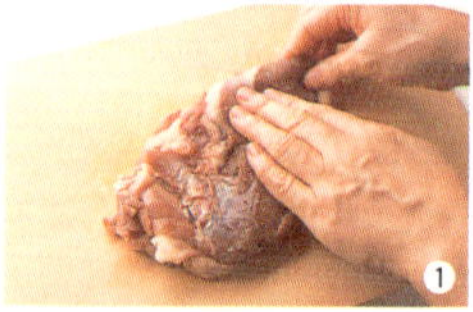

揚げ物

地鶏のスパイス揚げ

衣をもみこんで、しばらくおいてから揚げます。最後に火を強めて、カラリと仕上げましょう。

●材料（2人分）
鶏肉ぶつ切り（骨つき）400g　衣（塩小さじ1/3　醤油大さじ2/3　カレー粉小さじ1　玉子［小］1個　小麦粉・片栗粉各大さじ1）　イタリアンパセリ・レモン適宜　揚

げ油

●作り方

1 ボールに衣の材料を混ぜ、鶏肉にまぶす。

2 たっぷりの油で、はじめは160度ぐらいの低温で火を通し、上がりに火を強めてからりと揚げる。

3 器に盛り、イタリアンパセリ、カットレモンなどを添える。

オーバル皿3000円（高橋　弘子　作）

ぷりぷりえび春巻き

グリーンアスパラとえびが丸ごと入った春巻き。グリーンアスパラの根元に近いほうは皮が固いので、むいておきます。

●材料（2人分）

芝えび200g　豚薄切り肉100g　下味（醤油・酒・片栗粉各小さじ1）　グリーンアスパラ4本　春雨10g　長ねぎみじん切り　しょうがみじん切り　ごま油適宜　合わせ調味料（スープ［顆粒を溶かしたもの］1/4カップ　醤油・酒各小さじ1）　揚げ油　パセリ適宜

●作り方

1　芝えびは背わたをとって頭と殻をとり、さっと酒塩炒り（161頁参照）する。

2　豚薄切り肉は、容器で下味の材料をからめる。

3　グリーンアスパラを2等分にして、根元近くは皮をむき、沸騰したお湯で1分ほど塩茹でする。

4　春雨を熱湯で戻し、水気を切って、5cmくらいの長さに切る。

5　長ねぎとしょうがのみじん切りをごま油で炒め、豚肉を加えてさらに炒め、合わせ調味料を加えて煮立てたら、春雨を加えてひと炒めする。

6　春巻きの皮に、えび、豚肉、グリーンアスパラ、春雨をのせて巻き、170度の油で揚げる。

朱線隅切角皿2500円（大文字）、奥・ゆらゆら杯6000円（高橋 弘子　作）

カサゴの唐揚げ

カサゴを丸ごと揚げるには、大きな鍋が必要。油の入れ過ぎは危険なので、六分目ぐらいにして、お玉などで浸からない部分に油をかけながら揚げます。

●材料(2人分)

カサゴ1尾　片栗粉適宜　揚げ油
塩・スダチ適宜

●作り方

1　カサゴのエラをはずし、わたを取り出して水洗いし、水気を拭う(50頁参照)。

2　背骨にそって切り込みを入れる。

3　全体に片栗粉をまぶし、170度のたっぷりの油で二度揚げする。「二度揚げ」とは、ほぼ揚がった状態でいったん上げて2〜3分油を切り、強火にして高温で再度カリッと揚げて、すぐ取り出すこと。

4　器に盛って、塩・スダチでいただく。

①全体に片栗粉をまぶす。②切り込みの中もしっかりまぶす。③六分目ぐらいの油で揚げる。④菜箸やへらなどを使って返す。

イワシの竜田揚げ

①醤油とみりんに10分間浸ける。②水気を拭って片栗粉をまぶす。

つけ汁には10分ほど浸ければ味がしみます。焦げやすいので揚げ油の温度に注意。

●材料(2人分)

真いわし2尾　醤油・みりん各小さじ2　片栗粉少々　揚げ油　大根おろし適宜　大葉適宜

●作り方

1　いわしを手開きにし（38〜39頁参照）、腹骨をすきとって、醤油とみりんに約10分浸ける。

2　水気を拭い、片栗粉をまぶして170度の油で揚げる。

3　器に大葉を敷き、いわしを盛って、大根おろしを添える。

いかすみコロッケ

小さな袋に入った「いかすみ」。小さじ1弱で、2個分のポテトがしっかり染まります。

●材料（2人分）

じゃがいも（中）2個　いかすみ（市販のもの）1袋（3〜4g）豚ひき肉50g　玉ねぎ30g　小麦粉・卵・パン粉適宜　揚げ油

●作り方

1　じゃがいもを茹でて水気を切り、ボールでつぶして、いかすみを混ぜる。

2　5㎜角に切った玉ねぎとひき肉を炒めて、じゃがいもに混ぜる。

3　じゃがいもを丸め、小麦粉を薄くはたき、割りほぐした卵にくぐらせてから、パン粉をつける。

4　170度の油で揚げる。

5　そのままでもおいしいが、好みでケチャップやソースで食べても。

①じゃがいもをボールでつぶして、いかすみを混ぜる。②手ごろな大きさに丸める。③卵にくぐらせる。④最後にパン粉をつけて揚げる。

蓮根のすりおろし団子

サクサク軽いお団子の中に銀杏やえび、ゆり根などがちりばめられています。しっかりしただし汁をベースに調味した汁を張ります。

●材料(2人分)

蓮根150g　山芋すりおろし大さじ1　銀杏4個　ゆり根少々　小えび2尾　塩ひとつまみ　きくらげ　小麦粉適宜　あん(だし汁$\frac{3}{4}$カップ　薄口醤油小さじ$\frac{1}{3}$　みりん小さじ2　塩小さじ$\frac{1}{4}$　片栗粉適宜)　青ねぎ適宜　揚げ油

●作り方

1　蓮根は皮をむいてすりおろし、余分な水気は捨てる。

2　銀杏、ゆり根、小えびは少ない熱湯で色が変わるまで(1分弱)下茹でしておき、きくらげはぬるま湯で戻しておく(64頁参照)。

3　蓮根にすりおろした山芋と小麦粉を加え、具を混ぜて丸めて、160度の油できつね色に揚げる。

4　片栗粉以外のあんの材料を混ぜて火にかけ、沸騰したら火を止める。菜箸で混ぜながら水とき片栗粉を加えてとろみをつけ、再び沸騰させて火を止める。

5　団子を器に盛り、あんをはり、青ねぎの小口切りを散らす。

白釉焼締中皿 2500円(大文字)

かにしんじょ

生身(なまみ)に卵とだし汁をよくすりこんで、ふわふわにした生地にほぐした蟹肉を混ぜ込みます。ワンタンの皮に包んで揚げて、外側はカリッと仕上げます。

●材料(2人分)
かにのほぐし身1カップ　下ごしらえ(酒・薄口醤油各小さじ1)
生身(白身魚のすり身)150g　卵の白身1個分　昆布だし½カップ
酒小さじ1　ワンタンの皮10枚
揚げ油

●作り方
1 かにの身をほぐして、酒と薄口醤油をまぶしておく。
2 生身(すり身)を当り鉢でよくすってやわらかくし、卵の白身とだし汁を少しずつに混ぜ込む。
3 酒とかにを加えて混ぜ、スプーンですくって(丸めて)ワンタンの皮で包み、170度の油で揚げる。

すり身を当り鉢でよくすってやわらかくする。

①豆腐を布巾に包んで重石をして水切りする。②まんべんなくしんびき粉をまぶす。

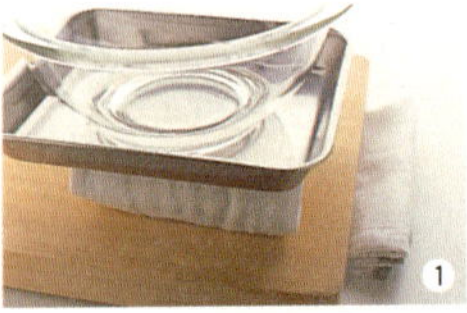

揚げ出し豆腐

しんびき粉は多く出すとベタつくので、ベタベタにならないよう、小出しにしながらまぶします。汁のかわりに、さっぱりとレモン醤油でも。

●材料（2人分）
木綿豆腐1丁　しんびき粉適宜　卵白1個分　揚げ油　汁（だし汁1カップ　醤油大さじ1　薄口醤油大さじ⅔　砂糖大さじ⅔　みりん大さじ1）　おろししょうが・大葉適宜

●作り方

1 豆腐を布巾に包んで軽く重石をし、水切りをする。

2 豆腐を4つに切り、卵白をつけてしんびき粉(162頁参照)をまぶし、170度の油できつね色になるまで揚げる。

3 汁の材料を合わせて、煮立たせておく。

4 器に盛り、汁をはって、おろししょうが、大葉の千切りを天盛りにする。

しんびき粉のかわりに片栗粉をつけて揚げても、おいしくできる。

おつまみ鉢3000円(高橋　弘子　作)

旬の魚の煮つけ(キンメ)

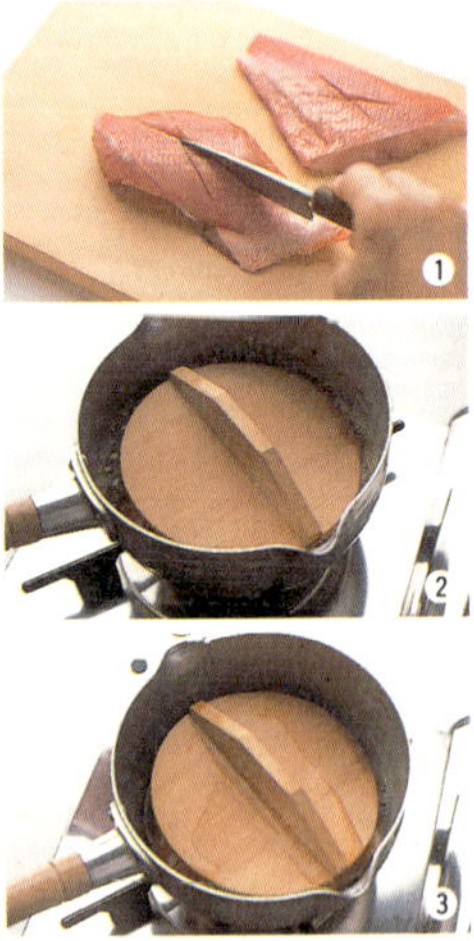

①十字に切り込みを入れる。②落とし蓋をして煮る。③煮汁が減ったら玉酒を注ぐ。

少ない煮汁なので落とし蓋をして煮汁がかぶさるように強火で煮ます。

●材料(2人分)

キンメ切り身2切れ　醤油大さじ

ビアカップ1200円(ザ・セノゾイック　自由ケ丘店)

2　みりん大さじ2　砂糖大さじ$\frac{1}{2}$　玉酒（酒$\frac{1}{4}$カップ　水$\frac{3}{4}$カップ）　しょうが千切り適宜

●作り方

1　キンメの皮目に切り込みを入れる。

2　鍋に醤油とみりん、砂糖を合わせて煮立て、キンメを入れ落とし蓋をする。

3　煮汁が減ってきたら、玉酒（162頁参照）を注ぎながら15分ぐらいかけて煮る。

4　しょうがの千切りを、皿に盛りつけたキンメにあしらう。

豚のやわらか角煮 ごぼう添え

弱火でコトコト煮てから、一晩冷まして取り除きやすいように油を固める。固めた油を取ったら、煮汁でも弱火でコトコト煮ます。

●材料(4人分)

豚三枚(バラ)肉かたまり400g　下ごしらえ(酒大さじ1)　煮汁(だし汁1カップ　醤油大さじ2½　砂糖大さじ2½　酒大さじ1½　みりん大さじ½　醤油大さじ1　ごぼう½本　水溶き辛子適宜

●作り方

1　三枚肉に酒をまぶしてしばらくおき、かたまりのまま、竹串がすっと通るまで水から茹でる。

2　冷めるまで室温におき、食べやすい大きさに切って、落とし蓋をして煮汁で30分ほど煮る。

3　みりんと醤油を足してしばらく煮て、ささがきにしたごぼうを加え、さらに5分ほど煮て火を止める。

4　器に盛って、ごぼうを添え、水溶き辛子をあしらう。

煮汁で30分煮る。

ふろふき大根の柚香みそ

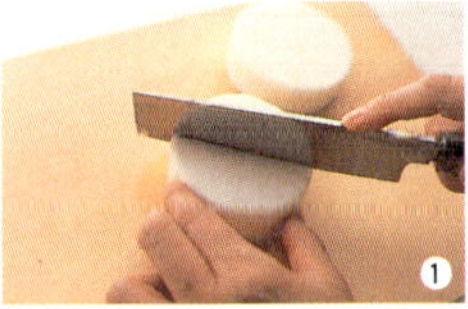

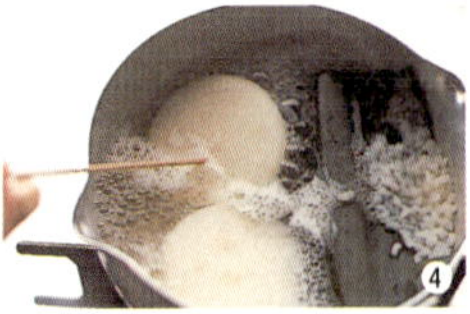

①厚みの半分ぐらいまで隠し包丁を入れる。②米を加えて水から煮る。③練り味噌の材料を小鍋にとって強火で練る。④竹串が通ればでき上がり。

米を加えて煮ると白く仕上がり、甘味も加わります。

●材料（2人分）

大根6cm　昆布（小）1かけ　米大さじ1　練り味噌（味噌50g　砂糖40g　だし汁大さじ1）　ゆずの皮適宜

●作り方

1　大根を厚切りにして片側だけ

うず潮小鉢「5個組」３５００円（たち吉）

面取り(162頁参照)し、裏に(面取していない側)厚みの半分ぐらいまで切り込みを入れる(隠し包丁)。

2 鍋に昆布を敷き、大根を入れ、米を加えて水から煮る(161頁参照)。

3 練り味噌の材料を合わせ、小鍋にとって強火で練る。

4 味噌が冷めたら、ゆずの皮をすりおろして加える。

5 大根に竹串が通るようになったら、火を止める。

6 面取したほうを上にして器に盛り、ゆずの皮の千切りを天盛り(162頁参照)にする。

この練り味噌で、こんにゃくや里芋を食べても旨い。

里芋の鶏そぼろあん

①里芋はザルに入れて蒸す。②蒸してから煮汁で煮含める。③鶏ささみを包丁でたたく。④だし汁と調味料を加えて煮立て、そぼろあんをつくる。

蒸してから煮ると、里芋の芯まで味がしみます。

●材料（2人分）

里芋300g　焼き明ばん水（焼き明ばん大さじ1に対して水4カップ）　煮汁（カップ2/3　砂糖大さじ1½　薄口醤油大さじ½　酒小さじ1）　鶏ささみ50g　酒少々　あん（だし汁1/3カップ　醤油大さじ1強　砂糖大さじ3/4　片栗粉適宜）　ゆずの皮の千切り適宜

●作り方

1　里芋の皮をむき、焼き明ばん（薬局で買える）水に浸けて、アク抜きをして、さらに白さを保つようにする。焼き明ばんがなければ、水に浸けてアク抜きをしてもよい。

2　里芋を洗い、ザルに入れて蒸してから、煮汁で煮含める。

3　鶏ささみを包丁でたたき、鍋にとって酒をまぶしてから火にかける。鶏ひき肉を使っても可。

4　あんのだし汁と調味料を加えて煮立て、いったん火を止めてから水溶き片栗粉を加え混ぜ、再度沸騰させてとろみをつける。

5　ゆずの皮の千切り、もしくは木の芽などを天盛りにする。

ねぎま鍋

中とろぐらいに脂がのったものが、この鍋には合います。煮過ぎないうちにあつあつを。

●材料（2人分）

まぐろ1サク　長ねぎ2本　煮汁（だし汁2カップ　みりん大さじ2　薄口醤油大さじ4）

●作り方

1　まぐろのサクを厚めの平造り（28頁参照）にする。

2　長ねぎは長さ4cmのぶつ切りにして、焼き網や石綿に乗せて焼き目をつける。

3　煮汁を煮立て、まぐろと長ねぎを入れ、煮過ぎないうちにいただく。

キムチ鍋

ちょっと漬かり過ぎたぐらいのキムチを使うと、かえっておいしいキムチ鍋。卵が半熟になったらでき上がり。

●材料(2人分)

わたり蟹1ぱい　牡蠣100g　豆腐½丁　卵2個　キムチ100g　にら½把　長ねぎ½本　豚薄切り肉100g　鶏ガラスープ(またはトン骨スープ)適宜

●作り方

1　わたり蟹は殻をはずして、ガニをとりのぞき(42～43頁参照)、ぶつ切りにする。

2　牡蠣は、濃い塩水(水2カップに塩小さじ2ぐらい)で洗う。

3　豆腐は小袖に切り、にらは長さ5cm、長ねぎは斜め切りにする。

4　豚薄切り肉は、食べやすい大きさに切る

5　鶏ガラスープを鍋にとって煮立て、キムチを加え、わたり蟹、牡蠣、豆腐、豚薄切り肉を入れて煮立てる。

6　長ねぎ、にらを加え、生卵を人数分(ここでは2個)落とす。

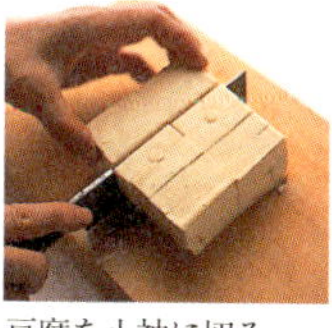

豆腐を小袖に切る。

汁物・蒸し物

具だくさん茶わん蒸し

卵料理は温度管理が大切。80度ぐらいで固まりますが、100度になってしまうと沸騰して「す」が入ります（162頁参照）。蒸し器と火力の使い方に慣れましょう。

●材料（2人分）
銀杏4個　ゆり根6〜8かけ　鶏ささみ1本　生しいたけ1枚　細巻き（えび／車えびの小さいもの）4尾　卵汁（卵1個　だし汁180cc　塩小さじ1/3、薄口醤油・みりん各小さじ1/4）　ゆず適宜　みつば

①鶏のささみは霜ふる。②えびは酒塩炒りにする。③茶わん蒸しに入る具。

少々

●作り方

1　銀杏は鬼皮をむいて、茹でながら薄皮をむく。

2　ゆり根はほぐして（72頁参照）洗う。

3　鶏のささみは一口大に切り、さっと霜ふる（161頁参照）。

4　しいたけは、4等分に切る。

5　細巻き（えび）は背わたをとって酒塩炒り（161頁参照）にし、頭と尾を残して皮をむく。

6　卵汁を調合して具を入れた器に注ぎ、蒸し器で蒸す（82～83度で約15分）。最初に2～3分様子をみて、うっすら固まっていれば適温、膨らんでいたら火が強すぎるので弱める。

7　ゆず、みつばをあしらう。

うに豆腐

蒸気が強すぎると豆腐に「す」が入ってしまうので（162頁参照）、弱火で12〜13分かけて固めます。蒸し器に合わせ、火加減を調節しなければなりません。

●材料（2人分）

生うに40g（飾り用2切れ含む）

卵2個　だし汁120cc　調味料（みりん小さじ1　塩小さじ1/3　薄口醤油小さじ1/2　酒小さじ1/3）

かけ汁（だし汁大さじ4　みりん

①うにを裏ごしする。②混ぜ合わせた材料を濾す。③蒸すときは、下に割りばしを２本しいて。

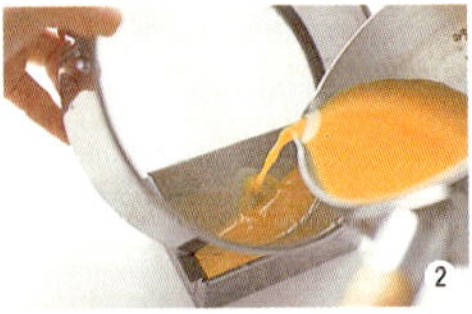

瑠璃釉渕波銘々皿
700円（大文字）

大さじ1　薄口醤油大さじ1　塩少々）　おろしわさび適宜

●作り方

1　だし汁と調味料、割りほぐした玉子、飾り用を残して裏ごししたうにを混ぜ合わせて漉す。

2　型（なければ深めの皿でもつくれるが、その場合は銘々皿に一人分ずつつくる）に液を入れ、蒸し器に入れる。

3　蒸し上がったら、生うにを上に並べ、再び軽く蒸して仕上げる。

4　型から取り出し切り分ける。

5　だし汁に調味量を加えてかけ汁をつくり、うに豆腐にかける。

6　すりおろしたわさびを添える。

松茸の土瓶蒸し

「香り松茸、味しめじ」といわれるように、香りが命の松茸。水洗いするときは軽く流し水で汚れを落とし、すぐ水気を拭います。

●材料（2人分）

細巻き（えび）4尾　銀杏2個　鶏ささみ1本　松茸適宜　だし汁適宜　みつば少々　スダチ・松葉適宜

●作り方

1　酒塩炒り（161頁参照）したえび、茹でた銀杏、霜ふり（161頁参照）した鶏ささみ、洗って裂いた松茸を土瓶に入れる。

2　だし汁を調味して（だし汁1カップに対して塩小さじ1/4　薄口醤油小さじ1/4）煮立て、土瓶に注いで火にかける（焼き網にのせる）。

3　煮立ったらみつばを加え、蓋をしてスダチ、松葉をあしらう。

1

2

3

①石づきを鉛筆を削るように切る。②半分に切ったら手で小さく割く。③だし汁に具を入れる。

鰯のつみれ汁

1

2

3

4

5

①皮をひいたらまず縦に細く切る。②ころころに切ってからザクザクと切り、たたいていく。③大葉やしょうが汁、長ねぎをたたき混ぜる。④ある程度の大きさに分ける。⑤昆布だし汁につみ入れる。

あまり細かくたたかず、つみ入れるときも岩のように少しごつごつしているものを箸ですくいます。

●材料（2人分）

いわし2尾　大葉2枚　しょうが汁小さじ1　長ねぎ10cm　小麦粉小さじ1　昆布だし2カップ　味噌40g　青ねぎ適宜

●作り方

1　いわしはさばいて（38～39頁参照）皮をひき、たたいて大葉、しょうが汁、長ねぎをたたき混ぜ、つなぎのための小麦粉を加えてさらに混ぜる。混ぜ終わったら、食べやすい大きさに分けておく。

2　昆布だし汁を煮立て、いわしをつみ入れて、火が通ったら味噌を加える。

3　ひと煮立ちさせ、器に盛って青ねぎを散らす。

はまぐりの潮汁

はまぐりは、塩水に浸して砂を吐かせる。

貝に砂をはかせるときは、蓋をするなど薄暗くして貝を安心させます。あまり冷たい水だと殻を閉ざしてしまいます。

●材料（2人分）

はまぐり（中なら1人前2〜3個）

昆布10㎝角　塩・酒少々　ウド・

木の芽適宜

●作り方

1　はまぐりは1％の塩水（水300ccに対して塩小さじ½）に浸して、一晩砂を吐かせる。

2　鍋に、昆布とともにはまぐりを水から入れる。

3　煮立ったら昆布をとり出し、具の口が全部あいたらアクをとって塩と酒で調味する。

4　薄切りにして酢水につけておいたウドを加える。

5　器に盛って、木の芽を浮かす。

さらだ・野菜料理

カリカリじゃこ豆腐サラダ

固めのしっかりした木綿豆腐を使います。絹ごし豆腐でつくるときは、固まりのまま一人盛りにしてスプーンを添えて。

●材料(2人分)
木綿豆腐⅔丁　じゃこ大さじ2
ごま油小さじ2　トマト½個
大葉適宜　青ねぎ少々　海苔¼枚　すりゴマ小さじ1　イタリアンパセリ適宜　ドレッシング(酢大さじ1　醤油大さじ2　ラー油少々　砂糖ひとつまみ　長ねぎみじん切り小さじ1　しょうがみじん切り小さじ½　にんにくみじん切り小さじ½)

●作り方
1　ごま油をフライパンにとり、じゃこを加えて色がついてきたら紙にとって油を切る。
2　豆腐はザルに上げて軽く水切りして、2cmのさいの目に切る。
3　トマトはさいの目切りにし、豆腐とともに大葉をしいた器に盛る。
4　青ねぎを小口から刻み、海苔はもんでおく
5　ドレッシングを混ぜ合わせて豆腐にかけ、青ねぎ、海苔、すりゴマ、じゃこ、イタリアンパセリを盛る。

エスニック生春巻き

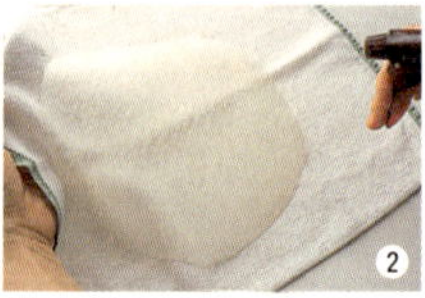

①市販のライスペーパー。②霧を吹きかけてやわらかく戻す。③生春巻きの具。

ライスペーパーは戻し過ぎると扱いにくくなります。霧を吹いてしんなりしたら使います。乾くと固くなりやすいので、すぐに食べないときは霧を吹いてラップをかけておきましょう。

●材料(2人分)

えび2尾　豚肉薄切り1枚　レタス1枚　バジル4枚　春雨少々　揚げたピーナッツ大さじ1　ライスペーパー4枚　香菜・にら・ペパーミントなど適宜　ピーナッツソース(ニョクマム大さじ½　ピーナッツペースト大さじ2　豆板醤小さじ½　水小さじ2

●作り方

1 えびは茹でて半分にスライスし、豚肉は茹でて一口大に切る。

2 レタス、バジルは、千切りにしておく。

3 春雨は、熱湯で戻して茹でておく。

4 ピーナッツは揚げて、砕いておく。

5 ライスペーパーに霧を吹きかけてやわらかく戻し、**1**～**4**と香菜、にら、ペパーミントなどを加えて巻く。

6 ピーナッツソースをつくって、添える。

手前・小皿3000円(高橋　弘子　作)

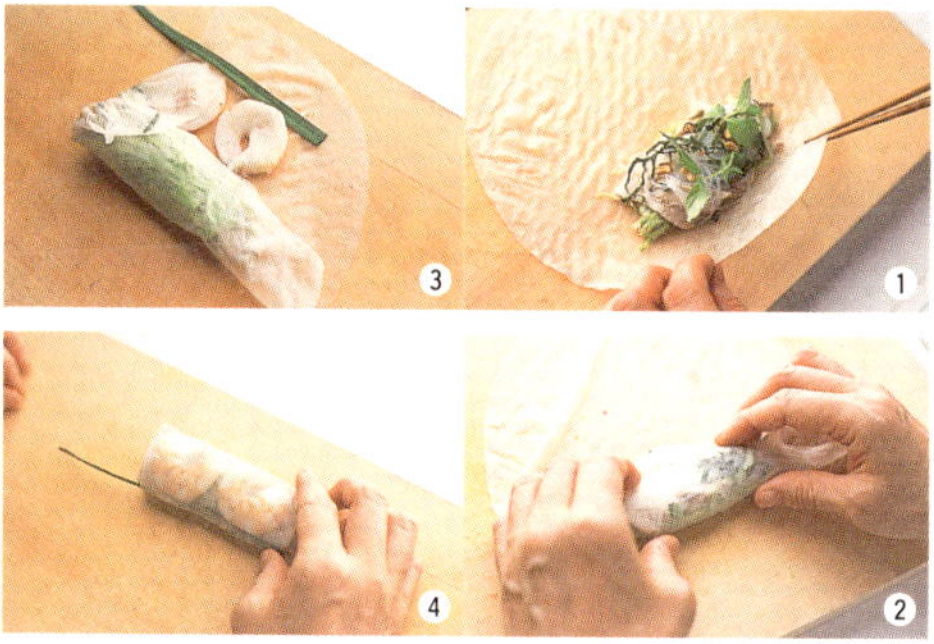

①レタス、バジル、春雨、香菜などをのせる。②手前に2回巻く。③えびとにらをおく。④全体を巻いて形を整える。

みず菜のしゃきしゃきサラダ

みず菜は、氷水に浸けてシャキッとさせます。カリカリベーコンやキノコのバター炒めと組み合わせても。

●材料（2人分）

みず菜200g　ドレッシング（レモン汁大さじ1　醤油大さじ1　ごま油小さじ1/2　玉ねぎすりおろし15g　スープ大さじ1）

●作り方

1　みず菜は洗って氷水に浸けたら水を切り、長さ5cmに切り、混ぜ合わせておく。

2　ドレッシングの材料を調合し、よく混ぜ合わせる。

3　食べる直前に、ドレッシングをかける。

ドレッシングは、玉ねぎ1/8個分（約15g）をすりおろしながら混ぜる。

特製ゴーヤちゃんぷる

ゴーヤも豆腐も強火でさっと火を入れます。卵を回し入れたら半熟で火を止めてかき混ぜると、やわらかく仕上がります。

●材料（2人分）

ゴーヤ½本　木綿豆腐½丁　ごま油大さじ⅔（×2）　塩少々　かつお節ひと握り　醤油小さじ1　卵1個

●作り方

1　木綿豆腐を布巾に包み、30分ほど重石をして水を切る（64頁参照）。

2　ゴーヤは縦二つに切り、スプーンでわたをかき出して、小口から4㎜の厚さに切る。

3　フライパンにごま油を熱し、豆腐を一口大にちぎりながら入れて強火で炒め、焼き目をつけて取り出す。

4　同量のごま油を加えて強火でゴーヤを炒め、塩で調味して豆腐を戻し入れ、かつお節を加える。

5　醤油をたらしてから、割りほぐした卵を回し入れ、火を止める。

わたをスプーンでかき出す。

ごはん物

うなぎ茶漬け

酒をふって、蒸し器で蒸す。

お茶漬けといっても、しっかりとっただし汁を使います。蒲焼きは、たれが辛口のものが合います。

●材料(2人分)
うなぎ蒲焼き一串　卵1個　酒大さじ1　吸い地(だし汁2カップ　塩小さじ½　薄口醤油小さじ½)　おろしわさび適宜

●作り方

1　うなぎの蒲焼きに酒をふって、蒸し器で蒸す。

2　薄焼き卵(錦糸卵・161頁参照)をつくり、千切りにする。

3　器にご飯を盛り、うなぎを切ってのせ、卵を散らす。

4　吸い地を張って、おろしわさびを天盛りする。

焼きおにぎり韓国海苔巻き

ごま油がぬってあり、塩味のついている韓国海苔はそれだけでも酒の肴になります。焼きおにぎりは網につきやすいので、表面に焼き目がつくまでは返さないように。

●材料(2人分)

ご飯400g　醤油適宜　韓国海苔適宜

①握る前に、手に水と塩をつける。②両手でしっかり握る。

●作り方

1　手塩水をつけながら、ご飯をにぎる。

2　熱した網の上におにぎりをおき、両面が乾いたら刷毛で醤油をつけながら焼く。

3　こんがり焼き色がついたら、韓国海苔で巻く。

牡蠣ごはん

牡蠣の旨味を丸ごと炊き込みます。洗うときも少ない塩水を使い、水洗いはさっと手早く。

●材料（2人分）
牡蠣むき身200g　下ごしらえ（酒小さじ1）　米2カップ　だし汁2カップ　醤油大さじ1　酒大さじ1　海苔・しょうが千切り適宜

①醤油と酒を煮立てて牡蠣に火を通す。②沸騰したら牡蠣を加える。③炊き上がったら、蒸らしてから混ぜる。

手前・箸置き500円
（高橋 弘子　作）

●作り方

1　米を研いで、ザルに上げておく。

2　牡蠣を濃い塩水（水2カップに塩小さじ2ぐらい）でふり洗い（162頁参照）し、下ごしらえの酒に浸してしばらくおく。

3　醤油と酒を煮立てて牡蠣を入れ、火を通す。

4　だし汁と牡蠣の煮汁を米に加えて炊く。

5　沸騰してきたら牡蠣を加え、炊き上げる（27頁参照）。

6　椀に盛って、海苔としょうがの千切りを天盛りにする。

　自動炊飯器でつくる場合は、だし汁など水分の合計を炊飯器の目盛り通りに入れて、普通に炊く。

じゃこ御飯

大根の葉は内側のやわらかいものを使います。具だけを多めにつくってガラス容器などに入れ、冷蔵庫に保存すれば3～4日持ちます。

●材料（2人分）

ご飯400g　じゃこ大さじ4　ひじき少々　大根の葉100g　ごま油大さじ1　醤油大さじ½　酒小さじ1

●作り方

1　ひじきは水で戻して洗い、さっと茹でてザルにとり、刻んでおく。

2　大根の葉は、よく洗ってみじん切りにする。

3　ごま油で大根の葉を炒め、じゃこを加えて炒め、醤油と酒を加えて火を止める。

4　炊き上がったご飯に、ひじきとじゃこを混ぜ込む。

海鮮親子丼（お吸い物付）

海の親子丼。鮭をほぐすときは、すり鉢にとって軽くあたると細かくなります。わさびは、おろしたてをたっぷりと。

●材料（2人分）
鮭（甘塩）切り身1切れ　ご飯400g　いくら醤油漬け大さじ4　大葉5〜6枚　おろしわさび適宜　海苔少々　吸い物（だし汁300cc　塩小さじ1/3　薄口醤油小さじ1/3　麩・みつば適宜）

●作り方
1 鮭は焼いてほぐしておく。
2 大葉を細切りにして、ご飯に混ぜ込む。
3 鮭といくらの醤油漬け（66頁参照）をご飯に盛る。
4 おろしわさびを盛り、海苔を散らす。
5 麩とみつばの吸い物をつくり、添える。

右奥・豆皿2000円（高橋 弘子　作）

めん類

茶そば

茹で時間をきちんと計り、茹で過ぎないように。すぐ、冷水にとって、何度も水を変えて手早く冷まします。

●材料（2人分）
茶そば2把　そばつゆ（だし汁1カップ　薄口醤油大さじ2　みりん大さじ1　酒小さじ1）　薬味（白髪ねぎ・おろしわさび・のり・七味など適宜）

●作り方
1　そばつゆの材料を調合し、ひと煮立ちさせて、冷ましておく。
2　白髪ねぎ（162頁参照）、おろしわさび、のり、七味などの薬味を用意する。
3　熱湯でそばを茹で、冷水によくさらしてから、器に盛る。
4　そばつゆと薬味を添える。

鶏肉やえびからもだしが出ます。ゆずの代わりにこしょうをふると、また違った風味に。

●材料(2人分)

そうめん2把　吸い地(だし汁2カップ　塩小さじ⅔　薄口醤油小さじ⅔)　オクラ1本　青ねぎ少々　鶏ささみ1本　えび2尾　ゆず適宜

●作り方

1　吸い地を調合しておく。

2　オクラは茹でて斜切り、青ねぎはを小口切りにしておく。

3　鶏のささみは筋を切って斜め切りにし、さっと霜ふっておく(161頁参照)。

4　えびは茹でて、頭と尾部を残して皮をむく。

5　そうめんを茹で、水にさらし

煮うめん

志野織部ぐい香2500円(たち吉)

てよくもみ洗いし、ザルにとる。

6 吸い地を煮立て、鶏肉ささみとそうめんを入れて煮立てる。

7 そうめんを器に盛って、オクラ、えび、へぎゆず(60頁参照)を盛る。好みで、青ねぎの小口切りを添える。

①鶏ささみは熱湯にさっと入れる。②色が変わったらすぐにザルに上げる。

しょうゆ焼そば（蕎麦）

蕎麦を焼きつけるようにして炒めると、香ばしくなります。長ねぎも少し焦げ目がつくように、強火でさっと炒めます。

●材料（2人分）
蕎麦2把　長ねぎ½本　豚薄切り肉100g　下味（醤油大さじ½）
サラダ油大さじ1　ケチャップ大さじ½　醤油小さじ1　塩・こしょう少々

●作り方

1 長ねぎを薄く斜切りにする。

2 豚薄切り肉は千切りにして、醤油で下味をつける。

3 サラダ油半量をフライパンで熱し、豚肉を炒めて、強火で長ねぎを加えて塩をふり、さっと炒めて取り出す。

4 **3**のフライパンに残りのサラダ油を熱し、茹でた蕎麦を、残りのサラダ油で焼き色がつくように炒める。

5 長ねぎと豚肉を戻し、ひと混ぜしてケチャップと醤油を加え、こしょうをふって火を止める。

冷やしうどんのひき肉味噌だれ

うどんは、平たく細めの方が味噌だれがよくからまります。あまり大盛りにせず、軽くつるっと食べたいもの。

●材料（2人分）
うどん2把　鶏ひき肉100g　筍¼本　ごま油大さじ1　味噌50g　砂糖大さじ2　だし汁大さじ1　白髪ねぎ適宜

●作り方
1　鶏ひき肉と筍のみじん切りを、ごま油で炒める。
2　1に味噌と砂糖を加え、だし汁を加えて混ぜ、火を止める。
3　うどんを茹でて冷水にとり、冷まして器に盛る。
4　味噌だれをかけ、白髪ねぎ（162頁参照）を盛る。

料理用語解説

●裏ごし
材料を「裏ごし器」の上にのせて濾し、つぶすこと。網目に対角線上にヘラ（木べラやゴムベラ）を動かすと網目が痛まない（86・132頁参照）。

●隠し包丁
食べやすくしたり、火の通りや味をしみ込みやすくするために、切り口の片面に切り込みを入れること。盛りつけたときに見えないところに包丁を入れるため、「隠し包丁」という（124頁参照）。

●飾り包丁
魚の皮の上から浅く包丁の切り込みを入れて、飾りにすること。切り身魚や一尾ものを調理するときに用いられ、火や味の通りをよくする効果もある（110・120頁参照）。

●木取り
魚の切り身などを直方体などに四角く一人前に切り分けるときに「木取り・木取る」という（98頁参照）。

●錦糸卵
薄焼き卵を細く切ったもの。ちらし寿司や冷やし中華などによく使われる（146頁参照）。

●化粧塩
焼き魚で、一尾ごと丸ごと焼く場合に用いられる。ひれや尾に塩をつけて焼けこげるのを防ぎ、仕上がりをきれいに見せる。

●米を加えて大根を煮る
大根を白く煮上げたいときは、米を一緒に加えて水から煮ると、きれいな白に仕上がり甘みもつく（124頁参照）。

●ころころに切る
アジやイワシなどの魚介をたたいたり、すり身にするときに、1cm角ぐらいに切ること（84・136頁参照）。

●サク
直方体にさばかれた魚の身のこと。刺身は「サク」にしてから切り分ける場合が多い（86頁参照）。

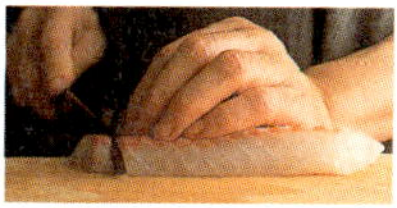

●酒塩炒り
鍋に少なめの酒と塩少々を入れ、煮立たせたところに殻つきえびなどをさっと煮て下ごしらえする方法（108・130頁参照）。

●塩ずり
魚介類のぬめりをとったり、フキなどの野菜の青臭さをとって色鮮やかに仕上げたりする場合に用いる（「板ずり」ともいう）。まな板の上に塩をふって、素材を手で（ザルで）転がす（48頁参照）。

●霜ふり
表面だけが白くなる程度に食材を熱湯に通す、下ごしらえの方法。魚介類、肉類に用いる（130・134・156頁参照）。

料理用語解説

●白髪ねぎ
ねぎを長さ約5～7cmに切って中の軸を取り出し、縦に千切りにしてふきんで包んでもみ洗いする。特有の辛みや粘りがやわらぐ(61・160頁参照)。

●しんびき粉
水漬けしたもち米を蒸して乾燥させ、粗びきしてふるいにかけ粒を揃えた粉(道明寺粉)を、さらに細かくして煎ったものが「しんびき粉」(118頁参照)。

●すが立つ(入る)
茶わん蒸しや豆腐などを加熱しすぎて気泡状の穴ができてしまうこと。すが立たないようにするには、温度に注意して調理することが大切(130・132頁参照)。

●酢取りしょうが
しょうがを千切りにしてさっと茹で、甘酢に浸けたもの(61・99頁参照)。

●玉酒
煮魚を煮るとき、煮汁が減って焦げつくのを防ぐために加える水と酒を合わせたもの。分量は、料理によって加減(酒1に対して水1～3)する(120頁参照)。

●天盛り
酢の物や煮物などを盛りつけたとき、針しょうがやゆずの皮、白髪ねぎなどの香りの物や薬味をひと箸分上に高く盛ること(118・121・124・126・146・150頁参照)。

●煮含める

材料に煮汁をよくしみ込ませて、味をつけること。弱火で煮たり、火を止めて、そのまましばらくおいて味をしみ込ませる(126頁参照)。

●ひたひた
材料を鍋や容器に入れて汁を入れたとき、材料が顔を出すか出さないかのすれすれの浸かり具合の量(74頁参照)。

●ふり洗い
牡蠣やホタテなどのように、身がやわらかくて傷つきやすいものを洗うときに用いる。ボウルなどに(海水程度の)塩水を用意し、牡蠣などをザルに入れて、ボウルの中ですすぐような感じでふりながら洗う(45・68・92・150頁参照)。

●面取り
大根やかぼちゃは長時間煮ていると切り口の角から煮くずれするため、あらかじめ角を薄くそぎとっておくこと(124頁参照)。

●薬味
料理に香りを加えたり味を引き締めたりする香辛料(の働きをするもの)のこと(60頁参照)。

第三章

和める居酒屋空間を演出する

ぜひ揃えておきたい器たち

「おうちで居酒屋」の和み空間を演出するのに
とっても大切なのが「器」。
おいしい料理にこだわったら
それを盛りつける器にもぜひぜひこだわりたい。
とくに陶土からできた
「焼き締め・陶器（186頁参照）」は
土の温もりが感じられる
あたたかい味わいを演出できる。
ここでは旨い肴をよりひき立てる
器使いについて紹介しよう。

酒宴を華やかに演出する

大皿・大鉢

ぜひ一つは持っていたい、大ぶりの皿や鉢。2〜4人分くらいの料理を一緒盛りにするのに最適で、酒宴を楽しく華やかに演出してくれる。なにを盛ってもよく合うので、それぞれ数点用意しておくと、大人数にも対応できてたいへん便利。オードブルやサラダ、汁気のある肴などを豪勢に盛って、居酒屋空間を盛り上げよう。

1どんな料理とも相性のいい深めの大鉢。サラダボウルとしても。 **2**大皿・大鉢は、ホームパーティーなど大人数のときに重宝する。 **3**縁が低めの直径30㎝前後の大皿は、一つあると便利。

4

使い勝手のよい人気者

中鉢

「おうちで居酒屋」では、かなり出番が多くなるであろう器がこれ。中鉢といっても形や大きさはさまざまあるので、雰囲気の違うものをいくつか揃えれば、より豊富なバリエーションが楽しめる。まず揃えるなら直径18cm前後のものがおすすめだが、できれば大小各サイズを揃えておきたい。厚手のものより薄手のほうが、繊細なイメージの料理に向いている。

4 同じ中鉢でも、形や雰囲気はこれだけ違う。**5** 縁が低めの中鉢は、和え物などをきれいに盛ると映える。**6** シンプルな中鉢は、活躍の場も多い。

6

5

左上・ドット中皿3500円、右上・白釉中皿3000円、鉄釉うずまき皿3500円（すべて高橋 弘子　作）

平皿

最も活躍する万能選手

七寸（直径約21cm）の平皿は、パスタやサラダのほか、焼き物・揚げ物といったメインディッシュ用の皿としても使えるスグレモノ。和洋ともに揃えておけば、汁気のない料理ならどんな肴にも対応できる。一人盛り用の皿としては、最も活躍する場が多いので、数と種類はできるだけ豊富に揃えておきたい。

2

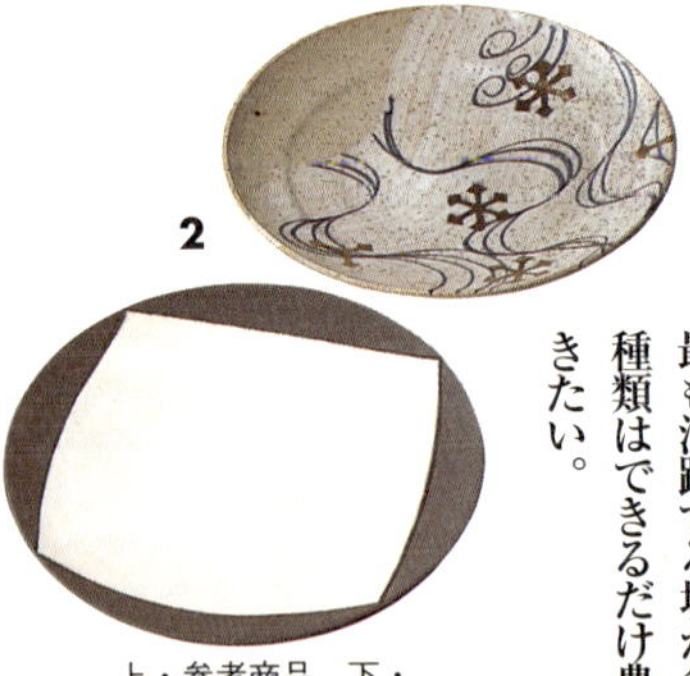

上・参考商品、下・白釉焼締中皿 2500円（大文字）

1 デザインや形の違うものを、複数枚ずつ数種類持っていると便利。 **3** 染付の皿なら、洋食でも中華でもよく合う。 **4** ディナー皿はオシャレなものを選びたい。 **2 5** さまざまな平皿を用意して、居酒屋タイムを楽しく演出。

3

4

5

テーブルライナー1200円
（ザ・セノゾイック自由ケ丘店）

角皿

遊び心いっぱいに使える

角皿は遊び心いっぱいに、より自由な発想で使いたい。丸皿の多い器の組み合わせでは、角皿を一枚加えるだけで、変化が出て全体がよくまとまる。お造りや前菜、焼き物、揚げ物など、フォローする料理の範囲も広いので、いくつか違った大きさのものを揃えるとよい。

1 染付の角皿は、和食はもちろん、洋食や中華、エスニックにもよく合う。　**2** 遊び心を生かして使いたい角皿。上の大きいものはパーティー用の大皿としても使える。

黒クロス・カスリテーブルライナー1800円、茶色・テーブルライナー1200円（ともにザ・セノゾイック　自由ケ丘店）

取り皿・小皿

たくさんあると便利

取り皿や銘々皿（個別に取り分ける皿）として使うなら五寸（直径約16cm）前後の皿が最適。三寸（直径約10cm）以下の小皿は、醤油入れや薬味入れなどに。デザインが凝ったもの、シンプルなもの、遊び心があるものなどたくさん揃えておけば、コーディネイトの楽しさも広がる。

取り皿・小皿といっても、その大きさや形はさまざま。複数枚ずつ揃えると、なにかと重宝する。

a豆皿1500円（高橋 弘子　作）　**b**翠嵐銘々皿［５枚組］10000円（たち吉）　**c**祥福角銘々皿［５枚組］8000円（たち吉）

長皿

個性的なデザインが魅力

3長皿は、手の込んだ個性的なデザインのものが多い。**4**食器以外でも、こんな使い方をしても雰囲気が出る。**5**魚の煮つけや一尾もの焼き魚など、魚料理用としてぜひ揃えておきたい。

上・参考商品、二番目・渓流長角皿[５枚組]10000円(たち吉)、三番目・参考商品、下・長角皿15000円(高橋 弘子　作)

黒釉長皿６０００円(高橋　弘子　作)、ミリオンバンブー６５０円(ザ・セノゾイック　自由ケ丘店)

凝ったデザインのものが多い長皿。煮魚や焼き魚などをきれいに盛るのに最適だが、前菜やお造りなどを盛ってもよく合う。とくに長手のものは、オードブルやフルーツなどを工夫して盛りつけたり、大皿料理の器として活用してもおもしろい。楕円形、長方形、縁が深いもの、浅いものなど、大小でいくつか違ったデザインのものを揃えておきたい。

ユニークな形の皿

工夫次第で使い方いろいろ

ユニークな形の器といえば片口が代表的。大きめの片口なら日本酒を入れて酒器として使ったり、小さめのものならソースやたれなどの容器としても使える。もちろん、小鉢として料理を盛れば、雰囲気のある一品に。そのほかにも、楽しいデザインの器をたくさん取り入れて、和める居酒屋空間のアクセントにしよう。

手前・箸置き500円
（高橋 弘子　作）

3

2

1 片口は、さまざまな大きさのものを揃えておくと便利。 **2** 重厚な色みの器は、シンプルな肴に。 **3** こんな箸置きなら、酒席も楽しい。薬味入れにしても。

1

日本の伝統美を装う

塗り物

陶器や磁器が中心のテーブルに、塗り物の盆や膳、汁椀などの鮮やかな色彩が加わると、全体にメリハリがつき、引き締まったイメージになる。とくに小さめの盆や膳は、日本古来の伝統的な美しさを感じつつ、旨い日本酒がいただける絶好のアイテム。

盆や膳、汁椀、箸、しゃもじ、鉢類など、塗り物にもたくさんある。

手にしっくりとなじむ

飯碗・どんぶり

酒席では、いちばん最後に手にするであろう器だが、飯碗は普段使いと同様、使い勝手がよく、飽きのこないものを選びたい。持った感じは、重すぎず軽すぎずが基本。手にしっくりとなじむものがいい。どんぶりは、熱くならないようある程度厚みのあるものを。

手前・飯碗5000円(高橋弘子 作)、その他すべて参考商品

基本的にご飯物やどんぶり物を盛る器だが、中鉢としても、もちろん使える。

テーブルセッティングのコツ

和み空間を演出するのに重要なのがテーブルのセッティング。ちょっとしたことに気がつけば、意外と簡単に雰囲気アップできる。小物や酒器にこだわったり、盛りつけ方を工夫したり、照明を変えてみたり…。おうちだからこそできるセッティングの数々を紹介しよう。

【Lesson1】膳・盆・ランチョンマットで変化をつける！

ランチョンマットは、いろいろと揃えておこう。

ランチョンマットは、色・柄・素材の違うものなど、数種類持っていると飽きもこないで便利。きちんとしたものがなくても、和紙や紙ナプキンなどでお洒落につくることもできる。落ち着いた和風の膳をつくりたいなら、盆や膳、トレイなどを工夫してセットするのがおすすめ。上に和紙を敷いて小さめの器に盛った肴を並べれば、小粋な酒席のでき上がりだ。

紙ナプキンもランチョンマットとして使える。

下クロス・カスリテーブルライナー1800円（ザ・セノゾイック　自由ケ丘店）

小さめの塗りの盆は、ビールにぴったり。

ときには和室で、酒席の膳を楽しみたい。

染付なぶり小花向付1300円（大文字）

1 上・**3**の和紙をちぎっただけ。下・2枚貼りつけただけ。 **2** かわいらしい和紙のシールもある。 **3** レーザープリンター、インクジェットプリンター、コピー機でも使える和紙。

【Lesson2】

箸&箸置きにもひと工夫！

箸にもいろいろと種類（塗り、竹、枝など）がある。ときには気分を変えて、使い分けてみよう。箸置きは、プレーンなものと遊び心のあるものなど2〜3種あると楽しい。ホームパーティなど人が集まる場合、箸にひと工夫するのもおすすめ。色紙や和紙でオリジナル箸袋をつくったり、筆ペンで店名（シャレで）を書き入れたり。ただの割り箸が、居酒屋タイムの素敵な小道具に大変身。

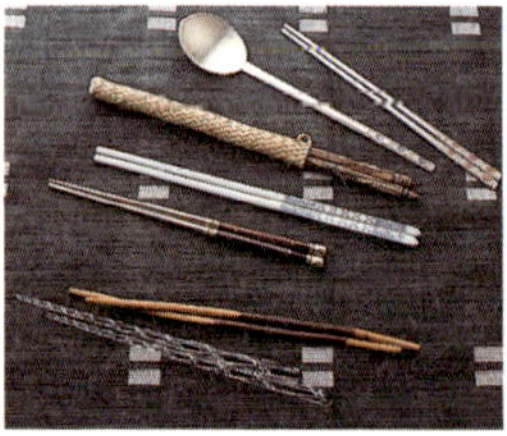

色、素材、形など、さまざまなバリエーションが楽しめる。

a 箸置き500円（高橋 弘子 作） **b** 高寿箸置［5個組］2800円（たち吉） **c** そら豆箸置［5個組］2000円（ともに、たち吉）

色紙や和紙を使って、箸袋や箸飾りをつくってみる。

箸袋に筆ペンで書き込む場合、太書き用・細書き用、両方あると便利。

【Lesson3】

酒器にこだわる！

和める居酒屋空間を演出するなら、とくに酒器にはこだわりたい。冷酒やビールを出すときは、器は冷凍(蔵)庫で冷やすのが鉄則。大きめの鉢に氷を敷きつめ、グラスとボトルを冷やしてセッティングしてもよい。かごや盆にぐい呑みを何種か盛りつけ、好きなものを選んでもらうというのも喜ばれる。冷酒グラスには受け皿や升を合わせると、飲ん兵衛心をくすぐって盛り上がる。もちろん、酒はこぼれるほどなみなみと注ぐ。

ぐい呑みは、かごに入れて好きなものを選んでもらう。

テーブルライナー1200円(ザ・セノゾイック自由ケ丘店)、ビアカップ　手前・2500円、手前右・2000円(ともに、高橋 弘子 作)、奥・1800円(ザ・セノゾイック自由ケ丘店)

大鉢をクーラーにして、グラスやボトルを冷やしてもてなしても。

長皿をトレーに見立て、ぐい呑みを並べてもおもしろい。

奥・左から、鉄絵ぐい呑2500円(たち吉)、ぐい呑み2000円(高橋　弘子作)(紺色)、参考商品(茶色)、足付ぐい呑み3000円(高橋　弘子　作)。手前・左から、参考商品(ガラス)、ぐい呑み2000円(高橋　弘子　作)、ゆず灰盃1000円(大文字)、ぐい呑み2000円(高橋　弘子　作)

冷酒をなみなみと注いで、気分もアップ。

ワイングラスは、赤・白・シャンパンと使い分ける。

この杯は、底が尖っているので受け台がなければ飲み干すまでおくことができない。ときには、こんな杯も楽しい。

ゆらゆら杯・各6000円(高橋　弘子　作)

【Lesson4】

大皿使いで大人数もらくらく！

たくさんの人が集まるときは、大皿盛りを並べてのおもてなしがおすすめ。取り皿も多めに重ねてセッティングし、セルフサービスで取り分けてもらう。酒やグラス類も1ヶ所にまとめておけば、自由に飲めて便利。大皿料理も、いろいろな形の皿で出てくると楽しいもの。ビュッフェ形式では、オードブル以外でも、料理は手でつまめるひと口サイズにするなどの工夫を。

取り皿はまとめてセルフサービスに。

左上・翠嵐銘々皿［5枚組］10000円、右上・旬菜銘々皿［5枚組］5000円（ともに、たち吉）、手前・小皿3000円（高橋 弘子 作）

中央・大皿10000円、手前・角プレート12000円、変形豆皿1500円（ともに、高橋　弘子　作）、左奥取り皿・翠嵐銘々皿［5枚組］10000円、雪あかり1口ビールグラス［5個組］5000円（ともに、たち吉）、コースター200円、テーブルライナー1200円、バンブースクリーン5000円（ともに、ザ・セノゾイック　自由ケ丘店）

【Lesson5】

雰囲気づくりは照明に凝る！

ゆったりとした雰囲気づくりに欠かせないのがライティング。まずは天井の照明を「電球色」というあたたかみのある蛍光灯に変えてみよう。これだけで青白い蛍光灯とはだんぜん違い、料理もいっそう見映えがよくなり雰囲気も出る。その次に凝りたいのが間接照明。この場合、天井の照明を最小に絞っておくのがベスト。デスクスタンドを壁に当てるだけでもそれなりに雰囲気アップ。

部屋の隅にキャンドルを置くだけで、雰囲気のあるスペースに。

CDラック8500円、ミリオンバンブ1650円、オリジナルテーブル9000円
（すべてザ・セノゾイック　自由ケ丘店）

一つは持ちたい、とっておきの
キャンドルスタンド。

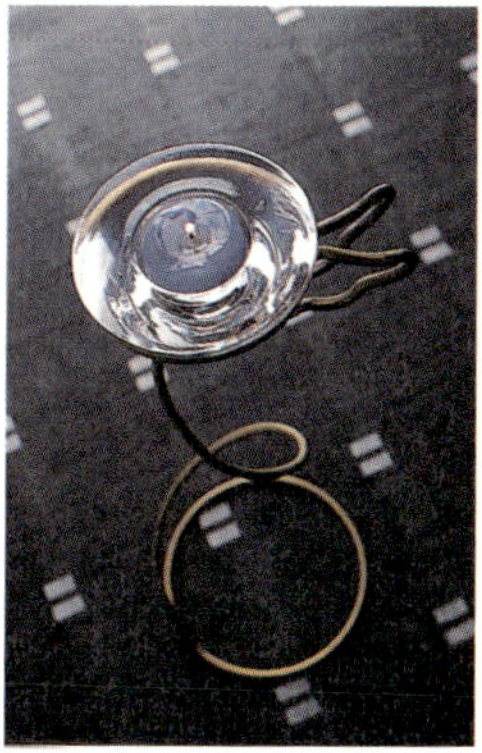

素敵なキャンドルがあれば、話題もはずむ。

部屋のコーナーにおくだけで雰囲気が出る。

アバカランプ5900円
（ザ・セノゾイック
自由ケ丘店）

After

ペーパーランプ3900円、グラス280円、コースター200円
（ともに、ザ・セノゾイック
自由ケ丘店）

ライティングを暗くしてペーパーランプを置くだけで、普通のテーブルがこんなムーディーな雰囲気に。食後のバータイムなどに、ぜひ取り入れてみては。

Before

【Lesson6】

葉使いで盛りつけ上級者！

料理によってあしらう葉は変えたい。

ちょっとの工夫とあしらいで、料理が格段に引き立つのがこの方法。緑の葉を「下に敷く・のせる・飾る・仕切る」など、葉のあしらい方一つで、料理がこんなにあかぬけたイメージに。さりげない葉使いをマスターして、季節を感じさせるセンスある一品に仕上げよう。

笹の葉を敷いて、さわやかさをプラス。

料理によって葉の大きさや枚数のアレンジを変えてみる。

【Lesson7】

器を変えて気分も一新！

「地鶏のスパイス揚げ（160頁）」を３種の器に盛ってみた。それぞれ違った表情に。

器は、あまりルールにとらわれず、そのときどきで組み合わせを変えてみるとおもしろい。同形・同素材ばかりだとテーブルが単調になるので、丸（基本）、長角皿、長皿、楕円形など、料理に合わせて形に変化をつけよう。素材も陶器ばかりでなく、ガラスやザル（竹）、木といった異素材も取り入れて、バリエーション豊かにセッティングを楽しもう。

和める居酒屋空間のための オススメCD10選

素敵な居酒屋空間のBGMといえばジャズ。とくに女性ヴォーカルものは会話の邪魔にならず、それでいて雰囲気をぐっと盛り上げてくれるから人気も高い。そんな女性ジャズヴォーカルの名盤・定番を中心に、フュージョンからジャズ・スタンダードを歌ったボサノバまで、新旧とり混ぜてとっておきの10枚を紹介しよう（※カッコ内は録音年）。

ジス・イズ・クリス

THIS IS CHRIS(1955)

東芝ＥＭＩ株式会社

★クリス・コナー

CHRIS CONNOR

クールでお洒落なハスキー・ヴォイスが心地よい名盤。雰囲気ある居酒屋空間を演出するにはぴったりの１枚。バラードと、ややアップテンポの曲の組み合わせが絶妙。

ライク・サムワン・イン・ラブ

LIKE SOMEONE IN LOVE (1957)

©PolyGram Records, Inc.

★エラ・フィッツジェラルド

ELLA FITZGERALD

史上最高の女性ジャズシンガーとの呼び声も高いエラが、ストリングスをバックにちょっぴり可愛らしい声で歌い上げるバラード集。ロマンティックな曲調はBGMにぴったり。

ブック・オブ・バラーズ

BOOK OF BALLADS(1958)

ユニバーサル ビクター株式会社

★カーメン・マクレエ

CARMEN McRAE

女性ジャズボーカリスト御三家の１人カーメンが、全曲を通してしっとりと歌い上げるスローバラード集。静かでお洒落なナイトタイムを演出したいならコレ。

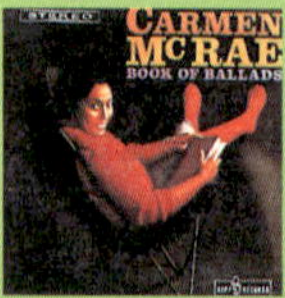

ヘレン・メリル・ウィズ・クリフォード・ブラウン

HELEN MERRILL WITH CRIFFORD BROWN(1954)

マーキュリー・ミュージックエンタテインメント株式会社

★ヘレン・メリル

HELEN MERRILL

女性ジャスボーカル・アルバムの定番中の定番。誰もが聞き覚えのあるスタンダード曲多し。名手クリフォード・ブラウンのトランペットが泣ける。１枚買うならまずコレ。

あこがれ
MEUS SONHOS DOURADOS (1987)
日本フォノグラム
★ナラ・レオン
NARA LEÃO
ボサノヴァのミューズ(女神)で親しまれたナラが、ポルトガル語でスタンダード・ジャズを歌った名盤。さわやかなBGMとして、優雅な居酒屋タイムを演出してくれそう。

ワンス・アポン・ア・サマータイム
ONCE UPON A SUMMERTIME (1958)
ポリドール株式会社
★ブロッサム・ディアリー
BLOSSOM DEARIE
キュートでコケティッシュなヴォーカルが聴けるブロッサムの魅力いっぱいの名盤。親しい友人や大切な人との楽しい宴にうってつけ。女性の入門盤としてもおすすめ。

ラヴ・シーンズ
LOVE SCENES(1997)
ユニバーサル ビクター株式会社
★ダイアナ・クラール
DIANA KRALL
上品なピアノと実力派ヴォーカルが魅力。カナダ出身の人気アーティスト・ダイアナが、スタンダードを中心に軽快な弾き語りを聞かせる。正統派ジャズで楽しみたいならコレ。

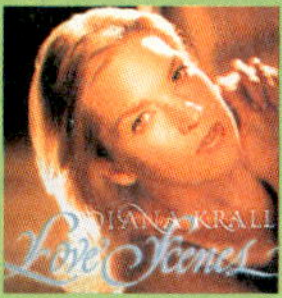

アフター・アワーズ
AFTER HOURS(1961)
©Capitol Records, Inc.
★サラ・ヴォーン
SARAH VAUGHAN
声の説得力と表現の深みがピカイチな女性ジャズシンガー・サラが、ギターとベースだけをバックに歌い上げる珍しくも味わい深い1枚。軽く優雅な歌声が、素敵な夜を演出。

ソング・リヴズ・オン
THE SONG LIVES ON(1999)
ビデオアーツ・ミュージック/
㈱IMAGICAメディア出版
★ジョー・サンプル・フィーチャリング・レイラ・ハザウェイ
JOE SAMPLE FEATURING LALAH HATHAWAY
ジャズ・フュージョン界注目のレイラの深みあるハスキーヴォイスが全面にフィーチャーされた1枚。ジャジーなR&Bの名曲の数々が聴ける。

ワルツ・フォー・デビイ
WALTZ FOR DEBBY(1964)
マーキュリー・ミュージックエンタテインメント株式会社
★モニカ・ゼッテルンド・ウィズ・ビル・エヴァンス
MONICA ZETTERLUND/ BILL EVANS
スウェーデンの歌姫モニカが、ジャズ・ピアニスト界の大御所と共演した人気の名盤。バックが最高のピアノ・トリオだけに、ヴォーカルの醸し出すくつろぎ感も心地よい。

やきものの基礎知識

普段生活で使うやきものには、焼き締め、陶器、磁器の種類があり、それぞれに歴史や技法の違いがある。ここでは、個性あるやきもの特徴を知り、全国各地の主な窯場について解説しよう。

やきものの種類

焼き締め

「焼き締め」は、陶土と呼ばれる粘土を成形し、釉薬（ゆうやく）をかけずに1200度以上の高い温度でかたく焼き締めたもの。土の粘りときめ細かさが要求される技法で、土色の素地と吸水性がないのが特徴。釉薬をかけない焼き締めは、土の持ち味がより楽しめ、使い込んでいくうちに艶が出て味わい深く変化する。さらに、高温焼成（しょうせい）によって生じる窯変も特徴の一つ。焼成のとき窯の中で素地の色が変わったり、薪の灰がガラス質に変化して自然釉（しぜんゆう）がかかるなど、思いがけない模様があらわれる。主な焼き締めの窯場（かまば）は、愛知の常滑焼、三重の伊賀焼、滋賀の信楽焼、兵庫の丹波焼、福井の越前焼、岡山の備前焼など。

陶器

焼き締めと同じく陶土を原料にするのが陶器。原料の陶土を成形し、施釉（せゆう）をして焼き上

げる。焼き締めや磁器より低い1100~1250度で焼成するため、やわらかくてぬくもりのある仕上がりに。やや吸水性があるが、釉薬を施すので水もれの心配はない。陶器は、使っているうちに風合いが変化していくのが特徴。やきものを高温で焼くと、燃料の木灰が溶けて粘土に含まれる長石(ちょうせき)を溶かし、ガラス質となって表面を覆う(自然釉)。これを意識的に用いたのが施釉陶器のはじまり。鉄釉(てつゆう)による単純化された絵つけなどが特徴の唐津焼、緑釉(りょくゆう)がきれいな織部、黄金色の黄瀬戸(きぜと)、やわらかな土の味わいが特徴の萩焼、素朴であたたかい益子焼など、全国でさまざまな陶器がつくられている。

磁器

やきものの中で、食器を中心として最も多く使われているのが磁器。陶石を粉砕したものを成形し、施釉をして1250度以上の高温で焼成する。一般に白くて薄く、かたく焼き締まり強度がある。焼き締めや陶器と違って光を通すのが特徴で、吸水性は低い。国産の磁器がはじめてつくられたのは有田で、陶器よりずっとあとの江戸時代。朝鮮や中国の影響を受けながら、染付(そめつけ)にはじまり、白磁(はくじ)や青磁(せいじ)がつくられ、さらに色絵(いろえ)の技術が加わり、やがて日本独特のスタイルの磁器がつくられるようになった。磁器の主な窯場は、愛知の瀬戸焼、愛媛の砥部焼、石川の九谷焼、佐賀の有田焼など。

▼青磁

▲白磁

産地別やきものガイド

●益子焼・ましこやき（栃木）

関東の代表的な窯場である益子焼は、江戸後期の開窯。黒やグレー、柿色、緑といった渋く落ち着いた釉薬がかかり、朴訥な色合いと、ぽってりとした土の味わいが特徴。とくに、柿色の釉薬は益子焼特有の色。かつては日常雑器が中心だったが、現在は民芸陶器として全国に名を知られる。

●笠間焼・かさまやき（茨城）

益子と並ぶ関東の陶郷・笠間焼は、信楽の陶工の指導のもと、江戸中期に開窯した。現在の笠間焼は、特徴がないのが特徴といわれ、一つにはくくれない個性的なものが多いことが特徴。自由に競い合う気風の笠間焼では、手法も多種多様のやきものの産地。

●美濃焼・みのやき（岐阜）

美濃焼の起源は平安後期といわれ、戦火を逃れた瀬戸の陶工たちによって開窯された。黄釉という大胆な色使いの「黄瀬戸」、青緑の釉薬の美しさと大胆な造形で知られる「織部」、日本ではじめて白釉を使い、ゆずの皮のような肌合いに仕上げる「志野」、鉄釉をかけ途中で窯出ししてつくる「瀬戸黒」など、美濃古陶の個性的な技術は現代にも伝承されている。

●常滑焼・とこなめやき（愛知）

常滑といえば、朱泥（しゅでい）の急須が有名。これは明治になって杉江寿門（すぎえじゅもん）が

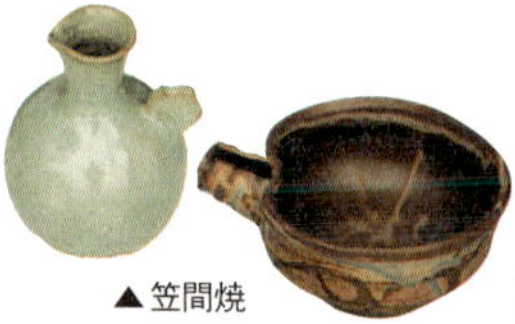

▲笠間焼

◀美濃焼

◀▲上・左／益子焼

写真提供
益子焼（益子町観光協会 ☎ 0285-70-1120）
笠間焼（笠間焼協同組合 ☎ 0296-73-0058）
美濃焼（多治見市農林商工課 ☎ 0572-22-1111）
常滑焼（常滑市商工観光課 ☎ 0569-35-5111）

開発したもので、土にベンガラを混ぜ、酸化焼成して鮮やかな朱色を出している。伝統的な手法として黒褐色に焼き締める「真焼（まやき）」もある。海藻を器に焼いて巻き、美しい紺色に仕上げる藻掛け（もがけ）の手法とともに現代に引き継がれる。

●九谷焼・くたにやき（石川）

江戸時代、大聖寺藩主が谷村で開窯したのが起源とされる。あでやかで豪華絢爛の絵付けで知られる色絵磁器。その味わいは「古九谷（こくたに）」に代表される。有田焼の色絵を範としてつくられたが、土の色が有田焼より強いため、彩色を濃く、肌全体を覆うように絵付けされる。多彩ながら渋味のある風情が特徴で、ほかのやきものとの相性もよい。

●信楽焼・しがらき（滋賀）

日本六古窯の一つで、8世紀の中ごろ、聖武天皇が紫香楽宮（しがらきのみや）の瓦を焼いたのが起源とされる。古信楽は桃山時代の茶人たちに愛され、素朴で気取りのない野性的な味わいは、無作為の美として千利休も愛でたという。土の持ち味を、釉薬をかけないで焼き締めの赤い色に表現して、どんな料理でも受け入れる懐の深さがある。

●京焼・きょうやき（京都）

一般に京焼とは、楽焼（らくやき）を除く京都で焼かれたやきも

常滑焼▶

▲▶上・右／京焼

の全般のこと。京都のやきものの起源は平安時代といわれるが、京焼の名でやきものが焼かれるようになったのは江戸時代初期。多種多様なやきものを生み出した京焼は、磁器に陶器、色絵や染付など、なんでもありの世界。評価が高いのは食器類で、茶懐石の向付から酒器、茶器、飯椀、箸置きなど、ほかでは見られない意匠のものがある。

●備前焼・びぜんやき（岡山）

備前焼は六古窯の中でも最も古く、ほかの窯の影響を受けることなく一貫して焼き締めをつくってきた。その手法は釉薬を使わずに焼き締め、土の持ち味をダイレクトに生かすというもの。絵付けなどまったくないのに表情が豊かなのは、窯入れのとき、置く場所によって灰のかかり具合や炎のあたり方が違うため。窯を開けてみるまでどんな仕上がりなるかわからない、そんなドラマティックなやきもの。

●萩焼・はぎやき（山口）

やわらかな白や肌色の釉薬が、まろやかな味わいの萩焼。茶の湯とは、縁の深いやきものだ。土は、水の浸透性が強いものを使う。焼き締め方が弱いため、釉薬と素地の収縮の違いからひび割れ（貫入）が生じ、そこから使うにつれ茶渋などが入り込み、使い込むほどに景色が変わってくる。これを「萩の七化け」といい、萩焼の

◀砥部焼

▼有田焼

▼萩焼

大きな特徴となっている。

●砥部焼・とべやき(愛媛)

砥部焼の特徴は、一般の磁器よりも厚手のため陶器のようなぬくもりがあること。丸く処理した縁や、高台(こうだい)が大きくて安定感のある「くわらんか茶碗」など、使いやすさも考えられている。絵付けは呉須(ごす)の染付が基本で、赤絵を足したものもあるが、あくまでもシンプルでモダン。どんな料理にも合わせやすいのも特徴。

●有田焼・ありたやき(佐賀)

江戸時代のはじめに、朝鮮から渡来した陶工がはじめて有田で白磁を焼いたと伝えられる。染付、色絵の美しい磁器で、作風は歴史の流れに沿って「古伊万里」「柿右衛門」「鍋島」の3タイプの系統に分けられる。染付や色絵にはそれぞれ特徴があるが、いずれも器の主張が強すぎず、料理が生きる器として知られる。

●唐津焼・からつやき(佐賀)

唐津焼は土の種類が多く、素朴で野趣に富んだ土味が魅力。鉄分の多い土を使うため、黒みがかった肌の色と、たっぷりかかった釉薬、鉄釉による単純化された絵付けなどが特徴。厚手で繊細さや華やかさは少ないが、渋さと力強さは抜群。茶陶のほかに鉢や酒器などの食器類も多くつくられ、根強い人気がある。

焼成(窯に入れて焼くこと)
釉薬(「ゆうやく」または「うわぐすり」。陶磁器の表面に施すガラス質の被膜)
長石(陶磁器の原料)
施釉(釉薬を施すこと)
楽焼(手で形をつくり、低い熱度の火で焼いた陶器)
赤絵(赤を主調とした緑、紫、青などの顔料で上絵付けをする技法)
染付(白磁に呉須[コバルト]で下絵付けをし、その上に透明な釉薬をかけて焼き付ける方法)
貫入(陶磁器の表面を覆っているガラス質の釉薬と器の素地との収縮率でできるひび)

▼唐津焼

写真提供
京焼(京都陶磁器協同組合 ☎ 075-531-3100)
萩焼(萩市商工課 ☎ 0838-25-3131)
砥部焼(砥部焼商工観光課 ☎ 089-962-7288)
有田焼(有田焼卸団地協同組合 ☎ 0955-43-2288)
唐津焼(唐津焼協同組合 ☎ 0955-73-4888)

料理制作／猪股 慶子

昭和54年自宅にて懐石料理教室開始（現在も継続中）。平成7年㈲フードアンドヘルス研究所設立。食品会社等のコンサルティング、メニュー開発、食と健康に関する講演など開始。平成12年より衛星デジタル放送料理番組製作に携わる。現在、健康雑誌、単行本等の料理製作と執筆、懐石料理教室、健康弁当宅配会社のメニュー構成や栄養指導等に従事。懐石料理教授、管理栄養士。

制作スタッフ

企画	supermarkez
編集・構成	吉原 信成（編集工房桃庵）
デザイン	柳田 尚美（N/Y graphics）
撮影	安田 裕（Yasuda Photo Studio）
スタイリスト	渡辺 久子
書き文字・イラスト	矢沢 由実
執筆協力	Back Wash

撮影協力

高橋 弘子（HIROKO CLAY WORKS）
千葉県市川市柏井町1-1453-1-403
☎047-339-6663
www.hiroko-art.com

うつわのみせ大文字
東京都渋谷区神宮前5-48-3
☎03-3406-7381

㈱たち吉
京都府京都市下京区四条富小路角
☎075-255-4965

ザ・セノゾイック　自由ヶ丘店
東京都目黒区自由ヶ丘2-10-20
弥生ビル1F
☎03-5701-0221

石山真理／今井弘子／蒲池珠美／芝原レイ子／白崎郁子／曽我久恵／高橋明子／谷尻美穂／古川智子／前原妙子／梁瀬真水子／山本泰子（五十音順）

創作メニュー作り方読本

おうちで居酒屋

編者　YYT project

発行者　池田　豊
印刷所　凸版印刷株式会社
製本所　凸版印刷株式会社
発行所　株式会社池田書店
東京都新宿区弁天町43番地（〒162-0851）
☎03-3267-6821㈹／振替 00120-9-60072

Printed In Japan

ISBN4-262-12836-9

0514109